Ingrid Schlieske

Soja, Tofu & Co.

Ingrid Schlieske

SOJA, TOFU
& CO

Vom Fleisch, das auf dem Felde wächst

Turm Verlag

ISBN 3-7999-0257-0

© by Turm Verlag, D-74321 Bietigheim
Alle Rechte vorbehalten, auch die des auszugsweisen Nachdrucks, der fotomechanischen Wiedergabe, der Einspeicherung und Verarbeitung in elektronischen Systemen und der Übersetzung.
Fotos: Kirsten Breustedt, Berlin.
Strichzeichnungen: Siggi Roßmann, Frankfurt.
Gestaltung: Taris Schlieske, Siggi Roßmann, Frankfurt.
Die Ratschäge in diesem Buch sind sorgfältig erwogen und geprüft, dennoch kann eine Garantie nicht übernommen werden.
Eine Haftung der Autorin bzw. des Verlages und seiner Beauftragten für Personen-, Sach- und Vermögensschäden ist ausgeschlossen.

Inhalt

Probiere es aus!

Mit meinem Buch möchte ich Dir Vorschläge machen, Dir Anregungen geben. Soja, Tofu & Co. können für Dich eine Herausforderung werden. Sie sollen Dich dazu ermutigen, Dich auf ein genüßliches Abenteuer einzulassen. Weshalb sollte man sich beschränken auf das, was man kennt? Hier öffnen sich Dir neue Geschmacks-Horizonte. Wenn Du bereit bist, es auszuprobieren, wirst Du nur noch begeistert sein. Und das zu 100 Prozent! "Fleisch vom Felde" kann Dich davon überzeugen, daß hier nicht von Verzicht auf köstliche Genüsse und gewohnten Geschmack die Rede sein kann. Vielmehr sollst Du eine vielfältige Bereicherung erleben –

– als Gourmet und vor allen Dingen für Deine Gesundheit!

Inhalt

An meine Leserin und meinen Leser	6
Gesunde Ernährung - was ist das eigentlich?	8
Vegetarisch essen schmeckt und ist supergesund	10
Nährstoffschonendes Garen	10
Soja-Fleisch	13
Soja, Tofu & Co.	16
Welches Fett eignet sich zum Braten?	18
Ich träume schon lange von Schmalz	20
Gemüseconsommé, unsere Lieblingswürze	22
Algen-Kräuter-Salz	23
Kürbis	24
Nüsse, Avocado und Pilze	26
Weshalb haben alle Rezepte eine Trennkostvariante?	28
Begriffserklärungen	29

Rezept-Teil

○	Tofu	30
○	Soja-Hack	106
○	Soja-Ragout	132
○	Soja-Schnetzel	166
○	Sojetten	172
○	Soja mit Tofu	186
○	Kichererbsenmehl	188
○	Azukibohnen/Mungbohnen	210
○	Saitan	220
○	Tempeh	222
○	Salat-Dressings	224
○	Ergänzende Beilagen	226

Infos/Lieferantennachweis	228
Rezepte alphabetisch	230

VORWORT

An meine Leserin und meinen Leser

Nein, von Verzicht halte ich wirklich nicht viel! Ich esse viel zu gerne.
Dafür bin ich gerne geneigt, mich von einer "gesunden Alternative" inspirieren zu lassen.
Und nun möchte ich meine Überzeugung an Dich weitergeben.
Von den vegetarischen "Fleischgenüssen" nämlich, die der Gesundheit so dienlich sind.
Ich weiß durchaus, meine Angebote müssen sich für Dich auf verschiedene Weise lohnen.
Sie müssen zum einen köstlich sein und sie müssen sich zum anderen sehr unterscheiden von vielen der vegetarischen Speisen, die Du schon probiert hast und die Dir möglicherweise oftmals grau, phantasielos und nicht allzu abwechslungsreich vorkamen.
Oder aber, wenn die Gerichte geeignet waren, den Gaumen zu verwöhnen, ließen sie sich zumeist äußerst kompliziert zubereiten.
Kompliziert stellt sich der Speiseplan für den Vegetarier, der sich gesund und vielseitig ernähren will, zunächst ohnehin dar.
Schließlich sollen alle ernährungsphysiologischen Erfordernisse bedient werden, damit die fleischlose Kost nicht zur Gesundheitsfalle wird.
Gestaltest Du den Speiseplan vorwiegend vollwertig, mußt Du Dir z.B. um fehlende Kohlenhydrate und Ballaststoffe keine Gedanken machen.
Reichlich Gemüse und Obst gehören dann sicher ebenfalls zu Deinem Konzept.
Wie aber sieht es mit dem Eiweißanteil in der Nahrung aus? Der Körper benötigt unbedingt seine Proteine.
Aminosäuren als kleinste Proteinteile sind unabdingbar. Schließlich sind sie die Bausteine des Lebens.
Du bemühst Dich, diesen Bedarf den Milchprodukten zu entnehmen?
Diese Quelle ist sicher *eine* Möglichkeit, jedoch werden damit gewiß nicht alle Notwendigkeiten abgedeckt.
Und – viele Rheumatiker haben "schmerzlich" erfahren müssen, daß nahezu alle Produkte aus der Milch, besonders wenn sie im Übermaß genossen werden, ihren Gelenkbeschwerden nicht sonderlich zu Hilfe kommen, oftmals sogar zu sogenannten "Schüben" beitragen.
Besonders schwierig allerdings ist es für die ganz strengen Vegetarier, die Veganer.
Sie konsumieren keinerlei Tierprodukte, so daß auch Milch und deren Produkte als Lieferanten für die unverzichtbaren Proteine fehlen. Hier kann es sehr leicht zu Eiweißmangel kommen.
Veganer versuchen diesen Bedarf - nicht selten unzulänglich - aus diversen Arten von Nüssen zu decken.

Zugegeben, alle diese Überlegungen plagten mich selbst nicht, als ich mich vor vielen Jahren entschloß, keine Tiere mehr zu essen. Die Gründe dafür lagen eher im ethischen Bereich und entsprangen (damals) weniger den gesundheitlichen Überlegungen.
Es war seinerzeit schon sehr naiv von mir gedacht, einfach bei den Mahlzeiten das Fleisch wegzulassen.
Zum Mittag- oder Abendessen fehlte mir somit plötzlich der wesentliche Sattmacher.
Dies bezog sich auch auf den Brotbelag mit Wurst und Schinken.
Es blieb mir zum Trost also nur der Käse.
Und von den konzentrierten Kohlenhydraten reichlich, ja überreichlich.
Nahezu jeder ungeübte Neu-Vegetarier ißt automatisch anfänglich deutlich mehr Kartoffeln, mehr Nudeln und Brot.
Die Sehnsucht nach Deftigem ist groß und bleibt oft unbefriedigt.
In den Regalen der Reformhäuser dann wird man fündig. Getreidebouletten und Sojawürstchen werden heimgeschleppt und eifrigst ausprobiert. Sie "reißen meistens geschmacklich nicht gerade vom Hocker", aber gut – besser als nichts. Nur so richtig zufrieden machen die angebotenen Möglichkeiten nicht. Alles schmeckt irgendwie "sehr gesund".
Das viele Getreide, nun auch Inhalt aller konsumierten Bratlinge, polsterte z.B. meinen ohnehin etwas üppig gewordenen Body be-

VORWORT

ängstigend weiter nach allen Seiten.
Zu dieser meiner ernährungstechnischen Umbruchzeit betreute ich bereits Kurgäste, die ausgerechnet hauptsächlich wegen ihrer Gewichtsprobleme meinen Rat suchten.
Ich aber, damals meiner fleischlichen Rückendeckung beraubt, war seinerzeit selbst recht hilflos.
Ich konnte dann leider nichts weiter tun, als Hilfestellung beim f.d.H. (futter-die-Hälfte) zu bieten. Ich kannte nur dieses System, das noch heute eifrigst von Medizinern und Ernährungswissenschaftlern empfohlen wird und letztlich ein völlig müßiges, weil ergebnisloses Konzept darstellt.
Es machte mich damals zunehmend traurig, daß ich keine wirkliche Hilfe bieten konnte, die auf Dauer wirkte. Selbstverständlich nahmen meine Gäste während ihres Aufenthaltes in unserem Hotel ab. Nur langfristig wurde nahezu jeder Aspirant nach einer gewissen Zeit wieder rückfällig, und das Kasteien begann von vorn.
Diese Erfahrung mit meinen Kurgästen, besonders aber auch mein eigener Leidensdruck waren ein Anlaß, mich mit dem Thema Eßsucht intensiver auseinanderzusetzen. Das Kennenlernen der Soja-Produkte war dabei ein wichtiger Meilenstein.

Und endlich wieder der "Geschmack von Fleisch"!

Denn wenn ich ehrlich sein soll, war der gänzliche Verzicht auf alle Fleischzubereitungen über eine lange Zeit hinweg für mich schon ein echtes Problem. Es dauerte eine Weile, bis ich nicht mehr voller Appetit hinschnüffelte, wenn ein Hähnchen gebraten wurde. Und es lief mir noch jahrelang förmlich das Wasser im Munde zusammen, wenn ich für meine Lieben einen Fisch mit Kräutern füllte.
Ja, ich kochte noch lange Fleisch und Fisch für meine Familie oder meine Freunde, obwohl ich es längst nicht mehr selbst aß.
Heute schüttele ich mich vor Ekel, wenn es nach totem Tier riecht, und ich verlasse fluchtartig die betreffende Küche. Den Gang zu einem Metzger bringe ich sowieso schon lange nicht mehr über mich.
Zwar wußte ich zur damaligen Zeit, daß ich nie wieder Fleisch oder Fisch essen wollte. Wie sich die entstandene Lücke allerdings füllen sollte, ahnte ich nicht im mindesten.

Heute weiß ich: Es gibt keinen Grund, verlorenen Fleischgenüssen nachzutrauern.

Nahezu jedes fleischliche Rezept, das ich kenne, kann auch mit Soja zubereitet werden. Wer die Grundbegriffe verstanden hat, die für das Kochen und Braten mit diesem – zugegeben – erst mal ungewohnten Produkt gelten, kann abwechslungsreich fast alles brutzeln, was die eigene Phantasie hergibt.
Der Vollständigkeit halber habe ich neben Soja auch *Saitan* ausprobiert und beschrieben. Dieses Eiweiß-Produkt aus dem Weizen ist ebenfalls sehr empfehlenswert und bietet eine weitere "Fleischvariante" mit täuschender Fleischfaser-Konsistenz.
Leider gibt es eine Reihe von Allergikern, die alle Weizenprodukte nicht vertragen und für die Saitan demzufolge nicht in Betracht kommt.

Dieses mein Buch handelt also von verschiedenen "Fleischsorten, die einfach ‚geerntet' werden können".

Es lohnt sich allemal, jede davon kennenzulernen und in die eigene Küche aufzunehmen.
Ich wünsche mir und Dir, daß Du schon den Weg dahin lohnend findest.
Die Kennenlernstrecke ist kurz, das kann ich Dir versprechen. Am Ende des Weges erwarten Dich geschmackliche Köstlichkeiten, eine bessere Gesundheit, Wohlbefinden und das gute Gefühl, daß das genossene "Fleisch" eben "*nur* vom Felde" ist.

Du kannst es also unbeschwert und mit gutem Appetit genießen!

Deine Ingrid Schlieske

Allgemeine Informationen

Gesunde Ernährung - was ist das eigentlich?

Ja, das wissen die Götter – v i e l l e i c h t !
Denn die Ernährungswissenschaftler des Landes, die uns eigentlich anleiten sollten, spielen mit den interessierten Bürgern das große Verwirrspiel.
Sie vertreten die unterschiedlichsten, einander leidenschaftlich widersprechenden Thesen.
Diese jedoch scheinen, je nach Vortrag, dem irritierten Zuhörer allesamt schlüssig, belegt durch einleuchtende Argumente. Sie unterscheiden sich jedoch sonderbarerweise in den wesentlichen Fakten.
Was also bleibt dem Volk, den Verwirrten, übrig, als es nun selbst mit dem eigenen "gesunden Menschenverstand" zu versuchen. Schließlich geht es um nichts Geringeres als die ersehnte Gesundheit und das angestrebte Wohlbefinden.
Unsere Oma wußte schon: "Du bist, was Du ißt".
Was aber ist dafür die richtige Empfehlung? Gibt es denn Richtlinien, Anweisungen, Faustregeln, denen man einfach folgen kann? Was braucht der Mensch eigentlich genau, damit seine Organe, sein Stoffwechsel optimal funktionieren und der Körper mit möglichst wenig Reparaturen auskommt?
Unbestritten ist, daß es *Kohlenhydrate* gibt und *Proteine*. Dazu *Fett*.
Und daß man allerlei Vitalstoffe benötigt.
Wieviel wovon aber, und wann und wie?
Da eben gehen die Meinungen heftig auseinander. Und woher sollen wir erfahren, wie diese einzelnen Grundstoffe beschaffen sein müssen?
Fleisch vom Tier? Nudeln mit und ohne Ballaststoffe? Eiweiß aus Milchprodukten? Wie gesund (oder gar schädlich) sind Pizza und Hamburger? Wieviel Speck darf es denn sein? Wie sieht es mit dem genauen Vitaminbedarf aus?
Und reichen die Mineralien in der üblichen Nahrung für uns aus? Oder soll der Mensch mit Nahrungsergänzungsstoffen auffüllen? Eine Faustregel wäre durchaus wünschenswert. Nur es gibt sie (leider) nicht.
Jeder Mensch unterscheidet sich offenbar in seinem Bedarf deutlich von dem seiner Mit-Spezies.
Dennoch, unsere Grundbedürfnisse scheinen einander durchaus zu ähnln.
So bestätigt der Blick auf die Ernährungsgewohnheiten anderer Länder und auch der Blick zurück auf Großmutters Küche, daß es gar nicht so schwer ist, die richtige Nahrung so zu wählen, daß sie den Körper mit allem versorgt, was er zur Gesunderhaltung, für eine optimale Leistungsfähigkeit und sein Wohlbefinden ein Leben lang braucht.
Meine persönliche Ansicht sieht sich immer wieder bestätigt aus den Erfahrungen, die ich in der *Schule für Fitneß und Ernährung*, der ich als fachliche Leiterin seit vielen Jahren vorstehe, gemacht habe.
Bei der Beobachtung von Trennkostseminaren mit über 140.000 Kurgästen und Seminarteilnehmern, die hauptsächlich wegen Überernährung und anderen "Wohlstandskrankheiten" ihren Nahrungsplan grundsätzlich umstellen wollten, hatte ich die Gelegenheit, Gewohnheiten und Ergebnisse auszuwerten.

Allgemeine Informationen

Erzielte Langzeiterfolge ergeben sich nach meiner jahrelangen Erfahrung aus folgenden Grundsätzen und Empfehlungen:

Kohlenhydrate
in konzentrierter Form (Mehlprodukte, Kartoffeln, Zucker) gehören für die meisten Menschen zum täglichen Speiseplan. Sie sollten möglichst vollwertig sein, um die nötigen Ballaststoffe zu gewährleisten. Konzentrierte Kohlenhydrate sind jedoch grundsätzlich in ihrer Verzehrmenge zu limitieren. Zwei bis drei belegte Brote am Tag genügen vollauf. Kartoffeln, Nudeln, Reis sollten nicht jeden Tag verspeist werden. Süßes gibt es nur gelegentlich. Konzentrierte Kohlenhydrate wirken als Säurebildner im Körper und können, im Übermaß genossen, Müdigkeit auslösen und Wegbereiter sein für viele chronische Krankheiten (Beispiel Diabetes).

Proteine
aus Fleisch sollte es möglichst nicht öfter als 2 mal pro Woche geben. Zu bevorzugen wäre dabei Geflügel, Rind, Wild. Ich rate grundsätzlich zu weniger Wurst und Schinken. Eine gute Ergänzung oder Alternative für die Eiweißversorgung des Körpers stellen Sojaprodukte dar. Sie haben einen wertvollen Proteinanteil, der der Gesundheit dienlich ist. Soja verfügt ferner über Ballaststoffe, die dem Fleisch fehlen, der Verdauung jedoch nützen. Wenngleich nicht aus biologischem Anbau stammend, ist das von mir empfohlene Sojafleisch pestizidarm gewachsen und geerntet. 3 von 4 verwendeten Sorten sind **garantiert nicht gen-manipuliert.**

Fett
Möglichst wenig Tierfett (gesättigte Fettsäuren) sollte konsumiert werden. Dafür empfehle ich wertvolle, kaltgepreßte Öle für Salate und andere Zubereitungen. Die darin enthaltenen einfach oder mehrfach ungesättigten Fettsäuren dienen der Gesundheit, helfen Cholesterin- und Blutfettwerte zu senken und nützen dem Stoffwechsel auf vielfältige Weise.

Obst
ist ebenfalls ein absolutes "Muß" für den Ernährungsplan. Hierin sind Vitamine und Mineralien gesunde Bestandteile, aber auch Enzyme sowie natürliche Ballaststoffe.

Gemüse
gehört möglichst jeden Tag, gegart mit Kräutern und wenig Fett zubereitet, oder roh auf den Tisch. Es ist reich an Vitaminen und Mineralien und enthält die wichtigsten Ballaststoffe.

Salat
Auch hier lautet die Empfehlung: möglichst jeden Tag! Das Öl für die Zubereitung sollte vom Allerfeinsten sein, also kalt gepreßt und aus Oliven, Nüssen, Samen oder Sojabohnen.

Milchprodukte
Quark, Joghurt und Käse sind sicherlich empfehlenswerte Produkte, die öfter auf dem Speiseplan stehen dürfen. Jedoch sollte ihr Konsum nicht übertrieben werden. Man gönne sich mehrfach wöchentlich etwas Käse und genehmige sich gelegentlich einen kleinen Joghurt oder etwas Quark.

Nüsse
gelten aus gutem Grund als Nervennahrung. Sie enthalten die so raren ungesättigten Fettsäuren, wertvolle Proteine, Kohlenhydratanteile und spezielle Vitamine.

Fazit: Also Obst, Salat und Gemüse so viel Du willst und kannst, dafür weniger Fleisch und ganz wenig Wurst.
Auch bei den konzentrierten Kohlenhydraten, aus denen der Großteil von Zucker, Getreideprodukten und Kartoffeln besteht, solltest Du zurückhaltend sein.
Milch und Milchprodukte sind erwünscht, jedoch nicht in unbegrenzten Mengen.
Dafür sollten Soja und seine Produkte unbedingt einen festen Platz auf Deinem Speiseplan erhalten.
Eigentlich ganz einfach, nicht wahr?

Allgemeine Informationen

Vegetarisch essen schmeckt und ist supergesund

Jawohl, es geht mir um den Geschmack. Aber noch wichtiger ist, daß ich Dir mit jeder Genuß-Variante nicht ausschließlich eine Alternative zum Fleischgeschmack präsentieren will.

Vielmehr achte ich bei jedem Nahrungsmittel, das ich empfehle oder gar selbst für Dich herstelle, auch darauf, daß es Dir hilft, alle Nährstoffansprüche Deines Körpers zu dekken.

Meine Angebote sind zum größten Teil reich an wertvollen Proteinen, an Vitaminen, an wertvollen Fetten, an gesunden Kohlenhydraten und Mineralien.

Bei den für die Zubereitungen empfohlenen Fetten achte ich darauf, daß sie zum Braten gefahrlos erhitzt werden können, ohne krebsauslösende Stoffe zu bilden.

Für roh verwendete Öle und Fette sind die einfach und mehrfach ungesättigten Fettsäuren, die wir für unsere Gesundheit so dringend benötigen, die allererste Wahl.

Und die Kohlenhydrate in unserer Nahrung? Diese sollen möglichst vollwertig sein und reichlich Ballaststoffe enthalten, die einer gut funktionierenden Verdauung dienen.

In diesem meinem Buch widme ich mich jedoch in besonderem Maße den Proteinen. Diesem wichtigen Stoff, aus dem das Leben ist.

Dem Stiefkind der Vegetarier also.

Nein, ich will die Nation weder missionieren, noch will ich sie von den Fleischtöpfen vertreiben.

Meine Vorschläge dienen vielmehr den Menschen, die sich dazu entschlossen haben, künftig kein oder weniger Fleisch und Wurst zu konsumieren.

Auch findet sich hier ein Weg für die Nachdenklichen, die besorgt immer neue Horrormeldungen in den Medien zur Kenntnis nehmen. Schließlich sind Rinderwahn, Schweinepest oder Hormonbomben in der Geflügelzucht nicht gerade dazu angetan, den Appetit auf Fleischmahlzeiten zu steigern.

Ich richte mein Angebot ebenfalls an gesundheitlich gefährdete Leute, die gezwungenermaßen nach Möglichkeiten suchen, ohne Geschmackseinbußen etwas für ihren Körper zu tun.

"Fleisch vom Felde" kann hierbei eine gute Unterstützung bieten.

Lebensmittel sollen, ja sie müssen einfach wertvoll sein.

Voller Wert also! Und je wertvoller, desto schmackhafter. Womit wir wieder bei der Bereicherung wären.

Ich freue mich, wenn ich daran beteiligt sein darf, der künftigen Geschmacksvielfalt auf Deinem Speiseplan, aber auch Deinem Wohlbefinden dienlich zu sein und Dich gesund und köstlich zu bereichern.

Nährstoffschonendes Garen

Kochst Du Dein Gemüse, Deine Kartoffeln noch in reichlich Wasser? Und das bei hohen Temperaturen? Womöglich verwendest Du dann das Kochwasser noch nicht einmal für Suppen oder Soßen?

Dann solltest Du sogleich völlig umdenken. Es ist heute so wichtig wie noch nie vorher, bei der Nahrungsmittelzubereitung darauf zu achten, daß keine oder nur wenige der darin enthaltenen Nährstoffe verlorengehen.

Die erklärten Feinde der Vitamine sind: Hitze, zuviel Wasser, Sauerstoff, Licht. Der Gegner der Mineralien und Spurenelemente ist eindeutig das Wasser (wenn es weggeschüttet wird). Du siehst, es ist immens wichtig, daß diese genannten Einwirkungen bei der Lebensmittelverarbeitung

auf ein Minimum reduziert werden.

Die Menschen in Asien bereiten ihr Gemüse deshalb bevorzugt im Wok zu.

In wenig Fett, ganz ohne Wasser unter raschem Wenden werden Gemüsesorten direkt am Tisch nur kurz gegart und kommen danach sofort auf den Teller.

Meine Oma hat es oft ganz ähnlich gemacht. Sie "schmorte" das Gemüse in etwas Fett.

Nur - das Gemüse unserer Großmütter verblieb viel zu lange in diesem Schmorfett. Anno dazumal allerdings stellte eine solch lange Garzeit trotz der hohen Vitaminverluste kein so großes Problem dar. Schließlich verzehrte man sonst genügend Obst und Gemüse. Es wurden Karotten, Kohlrabi, andere Rüben, die Strunke des Kohls, Tomaten, Gurken, Radieschen,

Allgemeine Informationen

Rettich u.a. direkt aus der Hand gefuttert. *Und das täglich!* Heute jedoch lechzt unser Körper regelrecht nach Nährstoffen, die wir dringend aus der Nahrung beziehen müßten und die längst nicht mehr in ausreichender Menge darin enthalten sind.

Unsere täglichen Mahlzeiten decken unseren Bedarf an Nährstoffen seit langem nicht mehr.

Das liegt an den heutigen Anbauformen mit Monokulturen, an der Überkalkung und Überdüngung der Felder, die die Böden auslaugen. Aber auch der *Saure Regen* tut das Seine zu der Nährstoffverarmung der Böden. Um die durch den Regen in den Boden gelangten überschüssigen Säuren abzupuffern, werden die Mineralien in der Erde benutzt. Diese jedoch sollten eigentlich den Pflanzen zu Wachstum und zum Nährstoffgehalt verhelfen. Was Wunder, wenn also unsere Gemüse immer *leerer* werden.

Und diese Leere kann man schmecken.

Artentypische Geschmacksvarianten verschiedener Gemüsesorten verringern sich von Ernte zu Ernte. So sind wir mehr denn je gehalten, besonders unser Gemüse, ja all unsere Nahrung so schonend zuzubereiten, daß möglichst wenig von den kostbaren Nährstoffen verloren geht. Nährstoffe, die unser Körper so überlebensnotwendig benötigt, um die Regelkreise der Organfunktionen optimal aufrecht erhalten zu können.

Dafür können wir uns der Garmethoden bedienen, die gänzlich oder nahezu ohne Wasser auskommen.

Das Kochgut wird dabei in speziellen Töpfen unter 100° C im eigenen Saft gegart.

Ich selbst besitze ein solches Kochtopfset seit mehr als 3 Jahrzehnten. Ich werde gewiß niemals mehr anders kochen. Es liegt auf der Hand, daß Gemüse, im eigenen Saft gegart, nahezu keine Nährstoffe an das Kochwasser abgeben muß.

Schonend ist auch die Zubereitung mit relativ niedrigen Temperaturen.

Wohlgemerkt – hier wird nicht unter Druck gegart.

Allgemeine Informationen

Verblüffend und ein zusätzliches Geschenk ist der dadurch gewonnene Geschmack.
Wer einmal Karotten gegessen hat, die ohne Wasser bei 100° C gegart sind, der wird die blassen Möhren, die ausgelaugt vom siedenden Wasserbad nach rein gar nichts mehr schmecken, ganz sicher nie mehr auf der Speisekarte haben wollen. Ganz ähnlich ist es mit dem Kohlrabi. Oder erst mit einem Blumenkohl. Dieser wird z.B. einfach geputzt, nur leicht gewürzt und auf seinem Strunk in einen Topf in ganz wenig Wasser gestellt. Er saugt sich nicht voll Flüssigkeit und bleibt auf diese Weise so geschmackvoll, wie er von Natur aus ist.
Besonders bemerkenswert ist, daß sich das Kochgut genauso farbenfroh und in der gleichen Form auf dem Teller präsentiert, wie es ursprünglich auch in den Topf kam.
Es gibt keine Farbveränderung, keine Geschmackseinbuße.
Gut, ein solches Sortiment von Kochtöpfen scheint zunächst einmal recht teuer. Aber der Preis lohnt sich. Schließlich wird hier eine Investition in Gesundheit und Lebensqualität, sprich Geschmack und Genuß, getätigt. Ein viel geringerer Energieverbrauch erwirtschaftet im Laufe der Zeit einen Teil der Anschaffungskosten.
Wer sich "topfmäßig" jedoch bereits soeben teuer eingerichtet hat, kann mit seinem Sortiment sicherlich ebenfalls wasserarm garen. Zweckmäßig dafür ist es, wenn die Töpfe aus Edelstahl sind und einen dicken Boden haben, der die Wärme gut leitet.
Hast Du schon einmal probiert, nur eine halbe Tasse Wasser zu Deinem bereits gewürzten Gemüse zu geben, statt es im Wasserbad schwimmen zu lassen? Sorgsam mußt Du lediglich darauf achten, daß die Flamme unter dem Kochgut sofort auf die kleinste Einstellung zurückgeschaltet wird, wenn es beginnt, aus dem Deckel herauszudampfen. Wichtig ist es dann, daß dieser Deckel geschlossen bleibt, damit die feuchte Luft im Kochtopf, die dem Garen dient, nicht entweichen kann. Durch die niedrige Gartemperatur entsteht kein Überdruck, der den Deckel heben könnte. Ein Wasserfilm aus dem Kochgut hält den Deckel dicht verschlossen. Du wirst erstaunt sein, wie gut diese Garmethode funktioniert, und Du wirst gar nicht mehr verstehen, weshalb Du bisher das gute Gemüse *totgekocht* hast.

Sollte dann doch noch etwas Kochwasser beim Garen übrigbleiben, so muß es unbedingt für die Soße oder eine Suppe verwendet werden. Es schmeckt auch sehr gut, wenn es einfach nur getrunken wird. Schließlich ist dieses Garwasser ein Nährstoffkonzentrat, das auf jeden Fall viel zu schade zum Wegschütten ist.
Ganz genauso wertstoffschonend wie bei dem Gemüsegaren kann mit den Kartoffeln verfahren werden. Das gilt für Pellkartoffeln ebenso wie für Salzkartoffeln.
Die auf diese Weise gegarte Kartoffel ist deutlich schmackhafter und bleibt vor allen Dingen genauso nährstoffreich, wie es der wertvollen *Knolle* immer nachgesagt wird.
An sich ist es unverständlich, daß sich noch nicht alle Menschen zu wasserlosem oder wasserarmem Kochen entschieden haben.
Das Essen schmeckt so ungleich besser, als wenn es im heißen Wasserbad gänzlich ausgelaugt wurde. Es behält seine appetitlichen Farben, und die uns Menschen von der Natur geschenkten Nährstoffe bleiben nahezu vollständig erhalten.
Gründe genug also, diese Kochmethode gleich bei der Zubereitung der nächsten Mahlzeit auszuprobieren. Dazu braucht es nur ein bißchen mehr Aufmerksamkeit als für das konservative Kochen.

Anleitung zum nährstoffschonenden Garen

Geputztes und nach Wunsch geschnittenes Gemüse tropfnaß in den kalten Kochtopf geben. 1/2 - 1 Tasse Wasser hinzugeben (es geht auch mit weniger Wasser, wenn man sehr aufmerksam den Kochbeginn beachtet).
Kochtopfdeckel schließen.
Die Herdplatte auf höchste Temperatur stellen, bis es aus dem Deckel dampft. Kochtopf kurz zur Seite stellen und die Flamme auf die kleinste Einheit stellen (bei Elektro 1 bzw. 1/2).
Nach 2 Minuten das Gemüse wieder auf den Herd stellen und bei geschlossenem Deckel in der auch bisher üblichen Zeit fertiggaren.
Einfach, nicht wahr?
Es ist tatsächlich genauso leicht anzuwenden, wie es sich liest.

Allgemeine Informationen

Soja-Fleisch

Die Zubereitungsmöglichkeiten mit Soja können genauso vielfältig sein wie die für Fleischgerichte.
Dazu stelle ich 4 unterschiedliche Formen und Qualitäten vor, wie ich sie verwende:

Soja-Hack
Feines Granulat, das nach dem Quellen in heißem Wasser und dem Braten in Pfanne oder Ofen wie Rinderhack aussieht. Es läßt sich zu allen Gerichten verarbeiten, die man auch mit gehacktem Fleisch kennt. *Diese Sorte ist aus genfrei gewachsenen Sojabohnen hergestellt.*

Soja-Ragout
Größere Sojastücke, wie durch einen sehr groben Wolf gedreht. Es läßt sich zu butterzartem Ragout, zu Gulasch, zu Füllungen u.a. verarbeiten. Die Farbe entsteht durch Mälzung. *Diese Sorte ist aus genfrei gewachsenen Sojabohnen hergestellt.*

Allgemeine Informationen

Soja-Schnetzel
Dunkle, schmale Streifen, die in der Konsistenz eher fest sind und sich wie Rindfleisch zubereiten lassen. Die Farbe entsteht durch Mälzung. *Für diese Sorte gibt es im Moment noch keine Garantie für völlig genfreie Herstellung.*

Sojetten
Wie helles, grob gehacktes Geflügelfleisch, das, je nach Zubereitung, für herzhafte oder sehr zarte Gerichte geeignet ist. *Diese Sorte ist aus genfrei gewachsenen Sojabohnen hergestellt.*

Mit Soja lassen sich nahezu alle Fleischrezepte verwirklichen. Dazu ist es wichtig, sich mit diesen neuen Produkten vertraut zu machen.
Hier bietet sich ein Lebensmittel-Grundstoff, der erst einmal ausprobiert sein will.
Meine ersten eigenen Bratlinge gerieten zu Haschee. Und meine ersten Versuche, Soja-Geschnetzeltes zu bereiten, hatten zähe, gummiartige Bröckchen zur Folge, auf denen meine Gäste ohne viel Begeisterung herumkauten.
Für viele Anwender endet hier die Kennenlern-Bereitschaft.
Nun bin ich von Natur aus nicht so schnell zu entmutigen. Ich wollte einfach nicht glauben, daß ein so wertvolles Lebensmittel sich nicht lecker zubereiten lassen will.
Zum einen, da Soja nährstoffreich und urgesund ist und ich mich von dem gesundlichen Nutzen längst überzeugt hatte. Zum anderen, weil ich ahnte, daß Soja auch im Kampf gegen das Übergewicht unverzichtbare Unterstützung leisten könnte. Besonders willkommen nämlich dürfte seine Kalorienarmut den Menschen sein, die schon lange Zeit vergeblich mit ihren Pfunden hadern.
100 g von 70%-igem Soja-Fleisch weisen nur ca. 280 kcal. auf. Hört sich gar nicht so wenig an? Jedoch liest sich diese Bilanz weitaus interessanter, wenn man begriffen hat, daß eine sättigende Mahlzeit nur 25 g Soja erfordert. **Das macht gerade mal 70 kcal. pro Mahlzeit aus...!**
Mit ein wenig Käse, Eianteil und Bratfett für die Zubereitung summieren sich immer noch weniger Kalorien (ca. 120 kcal. pro Portion), als dies bei magerer Fleischzubereitung der Fall ist.

Ich begab mich nun nach den ersten mißglückten Versuchen auf den Weg, das Pflanzenfleisch für mich zu erobern.
Und siehe da, im Laufe der Zeit konnte ich tatsächlich nahezu jedes Rezept verwirklichen, das mir bekannt war. Ich begann also zu braten, zu schmoren, Aufläufe zu zaubern und Gäste damit an der Nase herumzuführen, wenn ich ihnen eine *Fleischmahlzeit* vorsetzte, die sich dann als rein pflanzlich outete. Längst weiß ich, praktisch alle Gemüsesorten, die auf unserer guten Mutter Erde wachsen, können mit Soja munter kombiniert werden.
Nur – man muß eben wissen, wie man mit diesem wertvollen Produkt umgehen kann. Meine zugegebenermaßen anfangs gänzlich bröseligen und trocken geratenen Bouletten werden heute knusprig, butterzart und saftig. Und alle meine Erfahrungen will ich jetzt an Dich weitergeben!
Eines muß man vor allen Dingen unbedingt berücksichtigen: Soja braucht immer einen "Kompagnon", also Partner.
Oder besser gleich mehrere.
Von Natur aus nahezu geschmacksneutral, muß es daher geschmacklich durch die Beigabe von Gemüse, Zwiebeln, Pilzen, Käse, Kräutern u.a.m. "verzaubert" werden. Damit entwickeln sich dann durchaus eigenständige und sehr unterschiedliche Geschmacks-Variationen.
Auch die notwendige Bindung findet sich erst durch verschiedene Zutaten.
Sonst würden die Brösel trocken bleiben und sich nicht zusammenhalten lassen. Von zartsaftigem Genuß könnte dann keine Rede sein. Das liegt daran, daß Sojabohnen zur Herstellung des Soja-Fleisches stark entölt werden. Dafür enthalten sie als Kohlenhydratanteil reichlich nahezu kalorienfreie Ballaststoffe, die vom Körper nicht verwertet werden, beste Verdauungshilfen bieten, aber staubtrocken sind.
Also muß die *Geschmackspartnerschaft* um eine *Konsistenzpartnerschaft* erweitert werden.
Dazu eignen sich ebenfalls nahezu alle Gemüsesorten, die je nach Beschaffenheit und dem gewünschten Rezept zerdrückt oder gemust das Soja ergänzen und dafür sorgen, daß das Gericht saftig und zart wird.
Alle Kräuter und Würzen, die mit Fleisch schmecken, krönen auch die Sojagerichte.

Allgemeine Informationen

Und jede Gemüsewürze paßt genauso gut auch zu Soja.
Ja, und dann kannst Du nach Lust und Laune würzen.
Du siehst also, daß die Vielfalt hier dem der Fleischgerichte in nichts nachsteht.
Als Bindemittel empfiehlt sich das gute alte Ei und geraspelte Käsesorten aus allen Geschmacksrichtungen.
Oder bist Du ein Veganer? Dann rate ich Dir, mit Sojamehl oder Azukibohnen-Mus oder Mungbohnen-Mus zu binden, damit die von Dir bereitete Farce nicht auseinanderfällt. Wenn Du gerne kochst, wirst Du finden, daß sich Soja prima einsetzen läßt und leicht zu verwenden ist. Und vielleicht hast Du ja Kombinationsideen, auf die ich noch gar nicht gekommen bin.
Du wirst sehr bald auf diese Bereicherung in Deiner Küche nicht mehr verzichten wollen. Selbst dann nicht, wenn zu Deinem Ernährungsplan auch weiterhin Fleisch und Fisch gehören soll.
Auf jeden Fall kannst Du Dich von nun an vielseitiger ernähren.
Ich habe für Dich alle meine Tips und eine Reihe von Rezepten vielfach ausprobiert, damit sie ganz leicht nachzukochen sind.
Und nun kannst Du mit Deinen eigenen Experimenten beginnen.
Bei Bratlingen hast Du z.B. die Wahl, sie knusprig in der Pfanne zu brutzeln oder sie völlig unkompliziert einfach auf einem Backblech im Rohr zu braten. Dann entfällt das nervige Wenden und damit die Gefahr, daß die Bouletten die Form verlieren.

Übrigens lassen sich alle Sojagerichte problemlos einfrieren.
Ein Zubereitungsbeispiel findest Du nachfolgend.

Nun wünsche ich Dir gleich bei Deinem ersten Versuch ein gutes Gelingen.
Und ich wünsche Dir und Deiner Gesundheit, daß Du bald erkennst, wie dienlich das Soja Deinem Wohlbefinden sein kann.

Lieferantenhinweis
siehe Seite 228

Zubereitungsbeispiel für Soja

○ 100 g Hack (oder anderes Sojafleisch) reichen für 4 Personen
○ Mit 200 ml kochend heißem Wasser übergießen, quellen lassen, ggf. abgießen
○ 50 g geraspelter Käse (oder zerdrückter Schafskäse, auch Mozzarella) – für die Bindung
○ 1 großes Ei (bei Sojetten 2 Eier) – für den Zusammenhalt
○ 100 g Gemüse, nicht zu weich gekocht
○ 1 große Zwiebel, klein gewürfelt und in 1 Eßl. Olivenöl/Brabu hellbraun gebraten – für den würzigen Geschmack
○ 2 Eßl. Sojasoße – für den Fleischgeschmack
○ 1 gestrichener Eßl. Gemüseconsommé – für den kräftigen Geschmack
○ Pfeffer, Petersilie, Kräuter der Provence oder Majoran, Dill, Rosmarin o.a. – für die Geschmacksvarianten

Braten bei mittlerer Flamme in der Pfanne
Die Bratlinge mit einem mechanischen Eisportionierer formen und als hohe Kugeln in das mittelheiße Bratfett setzen. Mit einem Pfannenwender flachdrücken. Die Bratlinge mit einem (sehr flachen) Pfannenwender erst dann umdrehen, wenn sie auf einer Seite zusammengebraten sind. Auf beiden Seiten knusprig braten.
Wenn kein Eisportionierer zur Hand ist, setze man hohe Häufchen mit einem Eßlöffel in das mittelheiße Bratfett. Dann nachformen.

Garen im Backofen
Dies ist eine völlig unproblematische Zubereitung. Ein Backblech wird mit Backpapier ausgelegt. Die Bratlinge werden mit dem Eisportionierer auf das Papier gesetzt und mit einem Pfannenwender flach gedrückt. Etwas zerlassene Brabu/Butter wird auf die Oberfläche gestrichen. Die Bratlinge werden bei 200° C im Backofen ca. 25 Minuten gebraten.
Diese Bouletten lassen sich bestens einfrieren und bei Bedarf in etwas Brabu in der Pfanne aufbraten.

Allgemeine Informationen

Soja, Tofu & Co.

Was ist das eigentlich genau? So werde ich immer wieder gefragt. Nachfolgend möchte ich eine kurze Erklärung zu den von mir in diesem Buch verwandten Grundzutaten geben.

Tofu
Das Sojabohnen-Eiweiß ähnelt dem Kasein in der Milch. Man stellt aus der Sojabohne eine Sojabohnenmilch her, indem die in den Sojabohnen enthaltenen Eiweißstoffe durch Quellen in Wasser herausgezogen und mit Kochsalz versetzt werden. Das Endprodukt ist ein weißer, nahezu neutral schmeckender Soja-Käse (Tofu). Mit 76 kcal. pro 100 g ist Tofu sehr kalorienarm.

Soja-Fleisch
Soja-Mehl aus der Sojabohne wird zunächst entfettet und unter Hitze und Druck (ohne Zusätze) zu Granulat geformt. Die Farbe bei dunkleren Granulaten entsteht durch Mälzung. Erst durch das Einweichen in Wasser und durch Gewürze erhält Soja-Fleisch den gewünschten Geschmack. Ohne Zutaten schmeckt es nahezu neutral. Soja-Fleisch ist ein hochwertiger Eiweißlieferant. Es enthält wertvolle Vitamine, Mineralien, Ballaststoffe sowie wichtige Linolsäuren und ist stark sättigend. Mit 280 kcal. je 100 g (= 70 kcal. pro Portion) ist es sehr kalorienarm.

Kichererbsenmehl
Kichererbsen sind haselnußgroße, beige-gelbe Samen einer Erbsensorte, die vorwiegend in Mexiko, Spanien und in den Ländern des Mittleren Ostens angebaut wird.
In äußerst schonendem Verfahren wird das gelbliche Kichererbsenmehl aus halbierten, geschälten und gerösteten Kichererbsen gewonnen. Das leicht nussig schmeckende Mehl ist ein wertvoller Eiweißlieferant und reich an Mineralien und Vitaminen. Es hat 360 kcal. je 100 g.

Allgemeine Informationen

Azukibohnen
Diese kleinen dunkelroten bis schwarzen Bohnen gehören weitläufig zu der Familie der Sojabohne. Der Geschmack ist ungewöhnlich süß und kräftig. Die Azukibohne (Schreibweise auch Aduki oder Adzuki) ist ein erstklassiger Eiweißlieferant und birgt wertvolle Nährstoffe. Sie hat 360 kcal. je 100 g.

Mungbohnen
In China und Indien beliebte Bohnenart mit erbsengroßen olivgrünen Samen.
Diese weitläufig mit der Sojabohne verwandte Hülsenfrucht ist besonders aromatisch und hat einen sehr hohen Vitamingehalt. Sie hat ca. 360 kcal. je 100 g.

Saitan
Dieses traditionelle Grundnahrungsmittel aus Weizen steht seit Jahrhunderten auf dem Speiseplan in Asien. Saitan ist cholesterinfrei und enthält kaum Fett. Es wird wegen seiner fleischähnlichen Konsistenz als Fleischersatz geschätzt. Es schmeckt besonders gut in herzhaften Eintöpfen und Pfannengerichten. Auch fritiert ist Saitan sehr lecker.
Es hat ca. 138 kcal. je 100 g.

Tempeh
Indonesisches Volksnahrungsmittel aus eingeweichten und gekochten Sojabohnen fermentiert. Dieses besonders proteinhaltige Lebensmittel kann vielfältig zubereitet werden. Da Tempeh in unseren Breitengraden noch nahezu unbekannt ist, wird es noch nicht von allen Naturkost-Läden geführt, kann jedoch zumeist auf Wunsch bestellt werden. Tempeh ist in schnittfester Konsistenz erhältlich und kann ähnlich zubereitet werden wie Tofu.
Es hat ca. 180 kcal. je 100 g.

Allgemeine Informationen

Welches Fett eignet sich zum Braten?

Unbedenklich habe ich früher nahezu jedes Fett auch zum Braten verwendet. Butter, Margarine und alle Sorten von Ölen. Und ich war der festen Überzeugung, meiner Gesundheit einen guten Dienst zu erweisen, wenn ich besonders teure Öle in meiner Bratpfanne verschwendete. Und Verschwendung dürfte genau die richtige Bezeichnung für meinen gut gemeinten Irrtum sein.

Die einfach und mehrfach ungesättigten Fettsäuren, die ein gutes Öl erst so richtig wertvoll machen, gehen bei starker Erhitzung des Fettes nämlich allesamt verloren.

Aber das ist noch nicht alles. Diese Fette "verbrennen" auch besonders leicht und bilden dadurch die so gefürchteten kanzerogenen (krebserregenden) Stoffe.

Das einzige tatsächlich zum Braten geeignete Öl ist das Olivenöl, das größere Hitze besser verträgt. Selbstverständlich darf auch hierbei nicht stark überhitzt werden.

Alternativ dazu käme zum Braten noch Palmfett in Betracht. Ungehärtet versteht sich, damit keine zusätzliche gesundheitliche Gefahr droht aufgrund der durch Härtung entstehenden Transfettsäuren.

Reines Palmfett ist von der ernährungsphysiologischen Seite her ohne Wert und völlig geschmacksneutral. Es ist aber in seiner naturbelassenen Form nicht so leicht im Handel erhältlich.

Wer seinen Speisen aber einen butterigen Geschmack verleihen möchte, der ist mit einer guten Brabu (Bratbutter) bestens beraten. Die beste, die mir bekannt ist, stammt

aus Indien. Sie ist aus feinster Butter, die innerhalb eines längeren Verfahrens geklärt wird und keine Wasseranteile mehr enthält. Sie läßt sich deshalb lange aufbewahren, ohne daß sie ranzig wird wie Butter.

Bratbutter verbrennt beim Braten nicht so leicht!

Dazu wertet sie alle Gerichte geschmacklich absolut auf.

Leider ist sie etwas teurer. Dies wird allerdings mit einer äußerst sparsamen Verwendung durchaus aufgewogen.

Gesundheit und Geschmack – ich denke, das ist eine wirklich empfehlenswerte Kombination.

Anmerkung: Ersatzweise zu Brabu kann ein gutes Butterschmalz empfohlen werden.

Lieferantenhinweis siehe Seite 228

Allgemeine Informationen

Allgemeine Informationen

Allgemeine Informationen

Ich träume schon lange von Schmalz

Ja, Du hast richtig gelesen. Mir steht der Sinn nach Schmalz. So richtig deftig soll es sein. So wie meine Großmutter es zubereitete: mit Zwiebeln, Äpfeln, Piment, Wacholderbeeren, Lorbeerblatt und herzhafter Würze.
Was denn, was denn? Schmalz wird doch aus Tierfett bereitet, oder?
Aber ich wollte partout nicht einsehen, daß Vegetarier auf so herzhafte Genüsse gänzlich verzichten. Also begab ich mich auf die Suche. Und - wurde fündig. Nur so recht schmecken wollten mir die Angebote aus den Vegetarier-Regalen bislang nicht. Oder hatte ich irgendwo ein sensationelles Schmalz übersehen?
Ich wollte mir deshalb selbst ein Schmalz komponieren. Ich zermarterte mir also mein Hirn!
Mein Schmalz sollte toll schmecken. Und supergesund müßte es sein.
Also kamen nur Öle und Fette in Betracht, die mit einfach oder mehrfach ungesättigten Fettsäuren gesegnet sind.
Diese schaden der Gesundheit nicht, wie oft den Tierfetten mit ihren gesättigten Fettsäuren nachgesagt wird, sondern dienen vielmehr dem Organismus, weil sie von Natur aus ohne Cholesterin auch noch die Blutfettwerte senken können.
Für meine 3 Schmalzvarianten, die ich im Sinn hatte, kamen daher Distelöl, Olivenöl und Sesamöl in Betracht.

Als Konsistenzgeber entschloß ich mich, nach zahlreichen Versuchen, zu Kakaobutter. Sie ermöglicht eine zarte Streichfähigkeit und besitzt zweifach ungesättigte Fettsäuren.
Alles zusammen schuf ich nun die pure Gesundheit.
Bedauerlich finde ich dabei lediglich, daß ich nicht auch den Fettgehalt meines Schmalzes reduzieren kann. Die Kalorien zählen sich deshalb ähnlich wie beim Tierschmalz.
Dennoch empfehle ich mein Schmalz sogar für die Zeit der Gewichtsreduktion. Denn auf ein vollwertiges Brot gestrichen, ist so eine kleine Portion allemal vertretbar und hält den Kalorienvergleich mit einem anderen Belag gewiß aus.
Eines versichere ich Dir schon jetzt: Mein Schmalz wirst Du auf Deinem Speiseplan künftig nicht mehr missen wollen.
Falls Du es nicht selbst bereiten willst oder die Zutaten nicht besorgen kannst, habe ich Dir am Schluß des Buches notiert, wo Du meine Schmalzvarianten bestellen kannst.
Diese Schmalzsorten gehören auf ein gutes, deftiges Brot, sie sind nicht als Bratfett geeignet.
Verwöhne also künftig Dich und Deine Lieben mit diesem guten Schmalz, dessen Zutaten auf dem Felde geerntet werden.

Lieferantenhinweis siehe Seite 228

Allgemeine Informationen

Gemüseconsommé, unsere Lieblingswürze

Ich kann mir meine Küche ohne eine gute Gemüseconsommé gar nicht mehr vorstellen. Dazu habe ich selbst ein Trockenprodukt entwickelt, das vom BIOLINE-Versand mit Zutaten aus biologischem Anbau vertrieben wird. Wir verwenden sie nahezu bei allen Gerichten, zu Suppen, Soßen, allen Eintöpfen, für die Gemüsezubereitungen und sogar zu Salatsoßen.
Wir mußten schon oft die Frage beantworten, ob dann nicht alles gleich schmecke.
Und genau das kann man grundsätzlich verneinen.
Vielmehr hebt diese wunderbare Würze den Eigengeschmack des Kochgutes.
Oder sie ist eine ganz eigenständige Würze mit dem Geschmack einer vorzüglichen Gemüsebrühe, die man auch mit Genuß trinken kann.
Gemüse, ohne die Unterstützung durch eine gute Consommé, schmeckt mir inzwischen echt fad.

Mancher Leser wird sich fragen, weshalb wir denn ausgerechnet Gemüse mit einem Gemüsekonzentrat würzen.
Die Frage macht tatsächlich Sinn. Ein vollwertiges Gemüse, in einem guten Boden mit genügend Feuchtigkeit, unter ausreichend viel Sonnenstrahlen gereift, von Pestiziden und Überkalkungen verschont, braucht nichts außer sich selbst, um den Genießer zu entzücken.
Aber sag mir bitte, wo ich so eine Köstlichkeit noch finde?
Ich erinnere mich noch gut daran, wie die Kohlrabis schmeckten, die ich in meiner Kindheit zum Leidwesen meiner Oma direkt vom Beet aus der Hand verspeiste. Sie trieben mir die Tränen in die Augen, so scharf und so gut waren sie. Dabei so zart und fein und unerhört intensiv und aromatisch im Geschmack.
Und erst die Karotten geradewegs aus dem Gartenbeet: orangerot, saftig, mild und einzigartig. Auch der frische Möhrenduft ist mir noch gut in Erinnerung.
Nicht zu vergessen die Erbsen...! Von den Bauern in unserer ländlichen Umgebung wohl behütete kleine Felder, zwischen anderem Anbau versteckt, wurden von uns Kindern regelmäßig ausfindig gemacht - und mit Wonne geräubert. Diese Erbsen waren so zart, so süß. Sie zergingen regelrecht auf der Zunge. Sogar die Schoten, die knackigen, wurden noch genüßlich gekaut.
Bedauerlich ist, daß bei diesen und den anderen Gemüsesorten der artentypische, unverwechselbare Geschmack mit den Jahrzehnten mehr und mehr auf der Strecke geblieben ist. Alles schmeckt heute irgendwie einheitlich. Die einzelnen Sorten lassen nur noch ahnen, wie es einmal war...!
Und genau deshalb habe ich die Gemüseconsommé komponiert.
Vielleicht magst Du sie ja einmal ausprobieren? Überrascht wirst Du feststellen, daß sie die verloren geglaubten Geschmacksvarianten der unterschiedlichen Gemüsesorten wieder hebt, intensiviert.
Du wirst es erleben: Rosenkohl schmeckt wieder eher nach Rosenkohl und Wirsing mehr nach Wirsing.
Ich habe für die Gemüseconsommé nur Zutaten gewählt, die der Gesundheit dienlich sind und die dem Wohlbefinden nützen. So habe ich weder Hefe noch Geschmacksverstärker verwendet. Die Zutaten sind ausschließlich:
Meersalz, natürliche Gewürze, Suppengemüse, Stärke, Sonnenblumenöl, gemahlene Algen mit Mineralien, Vitaminen, Jod.

Allgemeine Informationen

Du siehst also an der Mischung, daß in der Regel auch die meisten Allergiker und Neurodermitis-Kinder die Gemüseconsommé gut vertragen müßten. Dies wurde uns unzählige Male bestätigt.
Damit wir jedoch noch zusätzlich unsere Gesundheit bei jeder Speisenzubereitung unterstützen können, habe ich allerwertvollstes Algenpulver der Consommé beigemischt. Dafür verwende ich Agar-Agar, das für seinen Mineral- und Spurenelementegehalt bekannt ist. Allerdings habe ich sorgfältig darauf geachtet, daß der Anteil davon nicht zu hoch wird, um den Gemüsegeschmack nicht zu überlagern.
Wenn Du nun Deine Tüte mit Consommé öffnest, wirst Du den leichten Algenduft wahrnehmen, der jedoch gleich verfliegt und sich geschmacklich nicht auswirkt.
Nimm ihn also zur Kenntnis in dem Bewußtsein, daß Du hiermit Deiner Gesundheit zusätzlich etwas Gutes tust.
Ein superwichtiger Tip, damit Du lange Freude an einer streufähigen Trockenbrühe hast:
Bitte fülle die Gemüseconsommé sofort nach Erhalt in ein Schraubglas, damit Du sie dann mit einem trockenen Löffel je nach Bedarf portionieren kannst. Bitte halte das Glas immer gut geschlossen. Sollte das Produkt dennoch durch Feuchtigkeit aus der Luft einmal hart geworden sein, so ist damit keine Qualitätseinbuße verbunden.
Die gewünschte Portion wird dann einfach abgeschnitten und wie ein Brühwürfel in etwas heißem Wasser aufgelöst.
Du denkst, das Lob für meine Suppenwürze hätte ich vielleicht etwas übertrieben?
Na, laß Dich überraschen. Ich weiß jetzt schon, daß es auch Dir bald absolut schleierhaft sein wird, wie Du in Deiner Küche bislang ohne diese gute Consommé auskommen konntest.
Gern wette ich mit Dir, daß es so kommt.
Warnung! Gehe jedoch vorsichtig an Deine ersten Consommé-Erfahrungen.
Würze zunächst einmal mit Zurückhaltung. Nachgewürzt ist leicht.
Und - weniger ist manchmal deutlich mehr.

Wenn Du unsere Consommé jedoch nicht zur Hand hast, so kannst Du ersatzweise mit einer anderen vegetarischen Brühe würzen.
Achte jedoch unbedingt darauf, daß diese keine Geschmacksverstärker enthält, die nicht genau deklariert sind. Auch Hefeanteile sind leider nicht für jedermann verträglich.

Lieferantenhinweis der hier beschriebenen Gemüseconsommé siehe Seite 228

Algen-Kräuter-Salz

Nur wer würzen kann, ist ein guter Koch. Eine gut abgestimmte Kräuterkomposition

macht viele Gerichte erst zu einem Geschmackserlebnis. Unser Algen-Kräuter-Salz ist auf der Basis von reinem Meersalz, wertvollem Gemüse, Würzkräutern aus biologischem Anbau und kostbaren Meeresalgen (feingemahlen) hergestellt. Neben der geschmacklichen Aufwertung der Speisen wird so für die ganze Familie zum Bedarf an Mineralien und Jod auf natürliche Weise beigetragen.

Das Algen-Kräuter-Salz wird in etwa der gleichen Menge wie Salz zum Würzen der Speisen eingesetzt. Es gibt Gemüse, Salaten und Soja, ja auch Fleisch, Soßen und Dressings eine delikate Geschmacksnote. Ideal schmeckt auch rohes Gemüse wie Karotten, Kohlrabi, Sellerie u. v. m. mit ein wenig Algen-Kräuter-Salz.

Lieferantenhinweis siehe Seite 228

Allgemeine Informationen

Kürbis

Ich wünsche diesem Gemüse, daß es zur selbstverständlichen Ergänzung Deines Speiseplanes avanciert.
Ich selbst verwende Kürbis erst seit wenigen Jahren.
Weshalb erst jetzt? Weil ich Kürbis bis dato nur als süß-sauer eingelegte Würfel kannte. Oder wenn er im Herbst ausgehöhlt wurde, um den Kindern zur Freude ein Gesicht hineinzuschneiden und ihn als Laterne zu verwenden. Zu dieser Gelegenheit wurde traditionell dann auch eine Kürbissuppe mit gerösteten Brot serviert.
Einmal im Jahr. Wie schade für dieses lecker aussehende und schmeckende Gemüse.
Wie überrascht war ich, als ich auf der vegetarischen Suche nach deftigen Genüssen dann meine persönlichen Kürbiserfahrungen machte.
Nach den ersten Versuchen, die mich maximal begeisterten, begab ich mich auf die Pilgerfahrt nach weiteren Rezepten und Anregungen.
Nach vielen eigenen Experimenten weiß ich heute, daß Kürbis in unendlich vielen Variationen eine echte Bereicherung für die Küche ist. Er eignet sich zur krönenden Gemüsebeilage für ein Gericht ebensogut wie als sattmachende Basis.
Das Beste neben dem herrlichen Geschmack ist, daß Kürbis nur etwa 25 Kalorien pro 100 g zählt. Das ist deutlich weniger als ein Drittel der Kartoffelkalorien. Dabei läßt er sich besonders gut für diverse Rezepte *anstelle* der Kartoffeln verarbeiten.
Wer Kürbis in seiner Region nicht erhält oder sich an dem Geschmack nicht begeistern kann, wähle statt dessen für ein Rezept einfach Kartoffeln in der gleichen Abwiegung.
Übrigens: Kürbis ist besonders nährstoffreich und übertrifft darin die meisten Gemüsesorten um Längen.
Noch dazu sieht er in jeder Zubereitungsart sehr attraktiv aus, schmückt Tafel und Teller und regt durch den schönen Anblick die Sinne an.

Jede Kürbissorte schmeckt anders:

Der große Gartenkürbis
ist am geschmacksneutralsten von allen Sorten. Er hat dafür die wenigsten Kalorien.

Der orangefarbene Hokaidokürbis
ist besonders für Pürrees geeignet und dient als Kartoffel-Alternative.

Der champagnerfarbene Hokaidokürbis
ist fester im Fleisch und zarter, neutraler im Geschmack. Auch dieser Kürbis kann zu Mus oder Würfeln verarbeitet werden. Besonders empfehlenswert sind daraus geschnittene Scheiben oder Schnitze, die gegrillt oder gebraten werden.

Grüne, helle oder ockerfarbene Hokaidokürbisse
sind gut als Würfel, Raspeln, Scheiben für jede Art von Gemüserezepturen einsetzbar.

Alle Sorten des Hokaido-Kürbis eignen sich für die in diesem Buch genannten Rezepte. Ebenfalls lassen sie sich bestens zu cremigen Suppen oder dicken Gemüsesuppen verarbeiten.

Wichtiger Verarbeitungs-Tip

Hokaidokürbisse müssen nicht geschält, sondern nur entkernt werden. Leider sind sie superhart und lassen sich nur unter größtem Kraftaufwand würfeln. Ich stelle deshalb den gewaschenen, ungeschälten Kürbis komplett in kochendes Wasser und lasse ihn je nach Bedarf 3-5 Minuten sieden. Danach ist er bequem zu halbieren und kann in die Form gebracht werden, die zur Weiterbearbeitung vorgesehen ist.

Allgemeine Informationen

Allgemeine Informationen

Allgemeine Informationen

Nüsse, Avocado und Pilze

Wertvolle Proteinlieferanten sind auch Nüsse und Samen. Sie liefern daneben die verdauungsfördernden Ballaststoffe und sind zum Teil reich an Vitaminen und Mineralien, die besonders für Vegetarier von essentieller Notwendigkeit sind.

Leinsamen
ist ein seit langem bekannter Lieferant für besonders verdauungsfördernde Ballaststoffe. Diese Samen, geschrotet und ganz erhältlich, schmecken leicht nussig. Die gleichzeitige ausreichende Flüssigkeitszufuhr ist unbedingt zu beachten.

Sesam
Dieses in Indien beheimatete Gewürz ist eine stark ölhaltige Kapselfrucht. Die kleinen, meist weißen Samen des Sesamkrautes schmecken u.a. vorzüglich, wenn man sie röstet.

Sonnenblumenkerne
Die getrockneten Samen der Sonnenblume sind als knackige Zutat in Salaten und als gesunde Knabberei beliebt.

Mandeln
Die Früchte des Mandelbaumes gibt es als süße und bittere Art. Letztere kann wegen der enthaltenen Blausäure nicht roh gegessen werden. Vielmehr wird daraus eine Essenz destilliert, die als Aromastoff beim Backen verwandt wird. Geröstet entfalten die süßen Mandeln einen besonders aromatischen Geschmack.

Walnußkerne
Der Steinkern des Walnußbaumes hat ein volles, angenehmes Aroma. Die Walnuß ist als rohe Nuß besonders bei Salaten und Desserts empfehlenswert.

Haselnußkerne
Diese mild schmeckenden Nüsse des Birkengewächses sind mit ca. 68 % besonders stark ölhaltig. Sie sind leichter verdaulich als Walnüsse.

Cashew-Nüsse
Diese nierenförmige Nuß hat einen mandelartigen Geschmack und entfaltet ihr süßliches Aroma insbesondere beim Rösten. Sie wird im Handel meist geschält angeboten.

Ich habe meinen Nuß- und Samenempfehlungen Avocado und Pilze angefügt, da sie sich zur hervorragenden Ergänzung des Vegetarier-Speiseplanes eignen und die Zubereitung von Sojaprodukten ideal ergänzen. Pilze sind insbesondere sehr kalorienarm.

Avocado
Diese aromatische Frucht - ein Lorbeergewächs - mit ihrer dunkelgrünen bis violetten Schale hat ein öliges blaßgrünes Fruchtfleisch, das sahnig mild und leicht nußartig schmeckt. Avocado wird generell roh gegessen.

Champignons
Diese weiß bis rosa-beigen Hüte mit festem Fleisch gehören zu den Pilzsorten, die einen festen Platz auf den Speisezetteln haben. Sie eignen sich als rohe und gekochte Zutat.

Pfifferlinge
mit ihrem trichterförmigen gelben Hut schmecken feinwürzig. Das feste Fleisch muß deutlich länger gekocht werden als das anderer Pilze.

Steinpilze (auch getrocknet)
Der kastanienbraune Pilz erinnert in seinem Geschmack an Nüsse. Er ist auch in kleinen Mengen ausgezeichneter Geschmacksgeber für Soßen, Suppen und Füllungen.

Der Info-Tip

Einige Nüsse sind leichter zu schälen, wenn man sie 15-20 Minuten in kochendes Wasser legt. Bei ungeschälten Nüssen wie Mandeln und Haselnüssen entfernt man die dünne, innere Haut, indem man erst kochendes Wasser darübergießt und unmittelbar danach mit kaltem Wasser abschreckt.

Allgemeine Informationen

Weshalb haben alle Rezepte eine Trennkostvariante?

Du kennst die Trennkost nicht?
Sie ist eine heutzutage vielfach publizierte Ernährungsform, in der die Nahrungsmittel vor dem Verzehr so sortiert werden, daß jede Mahlzeit zügig verstoffwechselt werden kann, also optimal bekömmlich ist.
Auf diese Weise dauert die Verdauung oftmals nur 12 – 24 Stunden, statt der bis zu 72 Stunden, wie das heute vielfach üblich ist.

Ich selbst lebe seit vielen Jahren nach der Trennkost.
Verzicht, Kalorienzählen, Wiegen und Messen ist den Trennköstlern ein Fremdwort. Nichts ist verboten. Alle Lieblingsgerichte können auch fernerhin auf dem persönlichen Speiseplan stehen.
Dennoch nimmt man garantiert nie mehr zu, wenn man sich an bestimmte Trennkost-Regeln hält.
Diese sind jedoch sehr einfach zu erlernen und lassen sich prima in den Alltag einbauen. Extrakochen erübrigt sich ebenfalls. Ja, sogar in Restaurants oder auch im Krankenhaus kann problemlos nach der Trennkost gespeist werden.
Wer allerdings mit Hilfe der Trennkost abnehmen will, muß auch hiermit eine bestimmte Zeit seine Portionen kleiner gestalten als gewohnt. Mit diesem System dann kann er sich überraschend zügig von überzähligem Gewicht verabschieden.
Immer mehr Menschen entscheiden sich für dieses einleuchtende Ernährungskonzept.
Wo man hinhört, praktizieren Prominente aus Politik, Wirtschaft und Kunst die Trennkost und bestätigen, daß sie damit die ideale Figur und ihre oft außergewöhnliche Energie erreicht haben und spielend leicht behalten können.
Ich selbst bin sicher, daß die Trennkost die wichtigste Ernährungsform der Zukunft sein wird.
Aus eben diesem Grund enthält jedes Rezept in meinem Buch einen Trennkost-Hinweis.
Vielleicht magst Du das ja einmal für Dich ausprobieren!?
Ich bin sicher, Du wirst nichts vermissen.

Interessierst Du Dich für die Trennkost?
Auf Seite 229 stelle ich Dir meine *Bücher* über dieses Thema vor.

Aber auch *Trennkost-Seminare* finden unter meiner Obhut statt. Wenn Du möchtest, stellt die *Schule für Fitneß und Ernährung* für Dich eine Verbindung mit einer/einem Seminarleiter/in in Deiner Region her, damit Du alle Infos erhältst. (Siehe Seite 228)

Der Extra-Trennkost-Tip

In Rezepten empfehle ich für die Zubereitung gelegentlich "eine Spur" aus dem Lebensmittelteil, der eigentlich der Zuordnung nach nicht ideal paßt. Jedoch darf man es sich gelegentlich durchaus leisten, zu Würzzwecken ein wenig aus dem "anderen Berg" zu verwenden: siehe gekaufte Mayonnaise, Senf, Tomatenmark oder eine minikleine Menge Schmorapfel im Schmalzrezept. Wir nehmen die Trennkost-Regeln durchaus ernst. Eine winzige Ausnahme - in seltenen Fällen, versteht sich - wirkt sich nicht störend auf das gesamte System aus.

Mengenangaben und Abkürzungen

Die Rezepte sind, wenn nicht anders angeben, für 4 Personen berechnet.

			Std.	=	Stunde
			Min.	=	Minute
			l	=	Liter
Msp.	=	Messerspitze	cl	=	Zentiliter (1/100 Liter)
Teel.	=	Teelöffel	dl	=	Deziliter (1/10 Liter)
Eßl.	=	Eßlöffel	ml	=	Mililiter
geh.	=	gehäuft	g	=	Gramm
ggf.	=	gegebenenfalls	kg	=	Kilogramm

Begriffserklärungen

Algen-Kräuter-Salz
Gut abgestimmte Kräuterkomposition mit Meersalz und wertvollen Algen.*

Algenpulver (Agar-Agar)
Feingemahlene Algen, die reich sind an wichtigen Mineralien und wertvollen Vitaminen. Es wird beim Kochen zum Gelieren verwandt.

Azukibohnen
Die kleinen dunkelroten Bohnen haben einen süßlichen, kräftigen Geschmack und sind ein erstklassiger Eiweißlieferant.*

Birnette
Weiche, fruchtige Süße zum Würzen, z.B. zu Joghurt und Früchten. Kein Suchtauslöser, kein Vitaminräuber!*

Brabu
Spezielle, äußerst schmackhafte Bratbutter, die besonders hoch erhitzt werden kann. *

Brottrunk
Ein durch Milchsäuregärung aus Vollkornbrot, Wasser und Rosinen hergestelltes Getränk. Kalorienarm und nährstoffreich.

Crème fraîche
Saure Sahne mit einem Fettgehalt von mindestens 30 %.

Fett i. Tr. = Fett in der Trockenmasse
Als Trockenmasse werden alle Inhaltsstoffe ohne Anteil an Wasser verstanden, also Eiweiß, Fett, Kohlenhydrate und Mineralsalze. Von dieser Trockenmasse wird der prozentuale Fettgehalt im Käse angegeben.

Gemüseconsommé
Vollvegetarische Gemüsebrühe zum Würzen. Mit wertvollen Meeresalgen, reich an Mineralien, Vitaminen und Jod. Ohne Zusatz von Hefeflocken, Knoblauch und Geschmacksverstärkern.*

Kichererbsenmehl oder Kichermehl
Das Mehl aus der Kichererbse eignet sich zum Andicken und Panieren in der Eiweißzeit für Trennköstler. Schmeckt nach Eigelb.*

Mungbohnen
haben eine olivgrüne Färbung und zeichnen sich durch einen sehr hohen Vitamingehalt aus.*

Reismalz
Die Alternative für süße Stunden. Schmeckt vorzüglich auch als Brotaufstrich, zum Backen, zu Süßspeisen. Kein Suchtauslöser, kein Vitaminräuber.*

Saitan
ist ein aus Weizen fermentierter Sojabohnen-Kuchen ganz ohne Cholesterin und mit nahezu keinem Fett. Dieses hochwertige Eiweißprodukt kann ähnlich wie Fleisch verwandt werden.

Salz
Bei Salzangaben in diesem Buch meine ich immer Meersalz, weil es für die Gesundheit am wertvollsten ist.

Schmand
Saure Sahne mit einem Fettgehalt von etwa 24 %.

Soja-Fleisch
wird in den unterschiedlichsten Qualitäten hergestellt: z.B. Soja-Hack, Soja-Schnetzel, Soja-Ragout, Sojetten.*

Sojasoße
Wertvolle Würze nach traditionellem japanischen Rezept verarbeitet.*

Tempeh
Ein wertvolles, aus Soja fermentiertes Proteinprodukt, das ähnlich wie Tofu zubereitet werden kann.

Tofu
ist ein aus Sojabohnen gewonnener Käse, der insbesondere in Asien zu den wichtigsten Eiweißlieferanten zählt. Die vielseitigen Zubereitungsmöglichkeiten zeichnen dieses Sojaprodukt besonders aus.

* Lieferantenhinweis siehe Seite 228

Tofu

Tofu

Wer sich enttäuscht abwendet, wenn er feststellt, daß Tofu zunächst einmal nach rein gar nichts schmeckt, versäumt eine wichtige Bereicherung seines Speiseplans. Zugegeben, Tofu entfaltet seine Geschmacksvielfalt erst durch die Zubereitung. Dafür harmoniert er mit den ausgefallensten Würzrichtungen von kreuzbrav und gutbürgerlich bis exotisch und voller Genußabenteuer.

Wer aber einmal erkannt hat, wie vielfältig dieses Nahrungsmittel verwendet werden kann, versteht, weshalb es zu der vielseitigen Küche des gesamten asiatischen Raumes traditionsbedingt gehört.

Die Möglichkeiten, Tofugerichte zu variieren, sind tatsächlich nahezu unbegrenzt. Viele kennen Tofu bislang nur vom chinesischen Restaurant. Hier wird er jedoch häufig nur in einer Zubereitungsversion angeboten. Und diese ist nicht immer sehr geschmacksgelungen.Tofu eignet sich jedoch für vielfältige Rezepte: geschnetzelt, in Scheiben oder in Würfeln, er kann zerdrückt oder fein passiert werden. Er paßt als Beilage zu allen Gemüsesorten, zu Reis, Nudeln, Kartoffeln – eigentlich zu allem. Auch zu Brotaufstrichen läßt er sich gut verarbeiten.

Hier finden Trennköstler auch endlich ihre deftigen Kombinationen zu Kohlenhydraten, die mit Fleisch, Fisch oder Soja sonst nicht möglich sind. Wie sich erklärt, daß im Trennkostsinn konzentrierte Kohlenhydrate ausschließlich zu diesem Eiweißprodukt passen können? Das ist relativ einfach zu verstehen. Tofu ist ein sogenannter Soja-Käse und wird durch Gerinnung aus Sojabohnenmilch gewonnen. Dadurch hat er seine erste Verstoffwechselung bereits hinter sich. Er paßt aufgrund dessen auch zu Nahrung, die in bezug auf Verdauung kompliziertere Vorgänge benötigt und stört diese somit nicht in ihrem Verdauungsablauf.

Wer Tofu für sich entdeckt hat, wird ihn nie mehr missen wollen.
Und das Beste ist: Tofu ist supergesund und kalorienarm. Er enthält alle die Nährstoffe, die Soja so sensationell wertvoll machen, ohne deren Fettgehalt mit sich zu tragen. Dadurch ist er leicht bekömmlich und auch in der Krankenernährung oftmals empfehlenswert.

Die Tofu-Zubereitung wird Dir nach kurzem Üben so vertraut sein, als hättest Du diese Zutat schon immer verwendet.

Wichtiger Verarbeitungs-Tip

Es gibt **Tofu natur - feste Sorte** und **Tofu geräuchert - feste Sorte**. Diese beiden Varianten sind schnittfest und können geschnetzelt, gewürfelt, geteilt, gewürzt und gebraten werden. Die Varianten **Tofu natur - weiche Sorte** und **Tofu geräuchert - weiche Sorte** werden zumeist zerdrückt und mit den angegebenen Zutaten vermischt. Beide weichen Tofu-Sorten müssen vor der Verarbeitung abtropfen, da sie in einer Flüssigkeit abgepackt sind.

Tofu

Tofu-Spargelpfanne mit Bratkartoffeln

Zutaten

250 g Räuchertofu (feste Sorte)

600 g Spargel (frisch oder aus dem Glas)

400 g vollreife Fleischtomaten

500 g Kartoffeln (festkochend)

2 mittelgroße Zwiebeln

6 Eier

2 leicht gehäufte Eßl. Crème fraîche

1 Eßl. Sojasoße

100 g Brabu

1 kleiner Bund Petersilie

1 rote frische Chilischote

Gemüseconsommé

schwarzer Pfeffer aus der Mühle

Zubereitung

❍ Die Kartoffeln mit Schale in wenig Wasser garen
❍ Pellen und in Scheiben schneiden
❍ Die Zwiebeln fein würfeln
❍ Die Petersilie hacken
❍ Die Zwiebeln und die Kartoffeln in 30 g Brabu zunächst auf heißer Flamme zu goldbraunen Bratkartoffeln braten
❍ 1 Eßl. gehackte Petersilie am Schluß mitbraten

❍ Den Spargel mit Gemüseconsommé würzen und in wenig Wasser garen
❍ Abtropfen
❍ Die unteren Enden in Stücke schneiden
❍ Die Tomaten häuten, in mittelgroße Würfel schneiden und leicht mit Gemüseconsommé würzen
❍ Die Chilischote in feine Ringe schneiden

❍ Die Eier mit der Crème fraîche verrühren
❍ Würzen mit Gemüseconsommé, der Chilischote und der Petersilie
❍ Die Spargelstücke (ohne Köpfe) und die Tomatenwürfel unterheben
❍ In der Pfanne 30 g Brabu erhitzen, die Mischung hineingeben
❍ Durchrühren, den Herd ausstellen und stocken lassen

❍ Die Spargelköpfe würzen mit Gemüseconsommé und Pfeffer
❍ In 20 g Brabu kurz von allen Seiten anbraten

❍ Den Tofu 2 mal längs in 1 cm dicke Scheiben schneiden
❍ In der Sojasoße wenden, mit Gemüseconsommé und Pfeffer würzen
❍ In einer Extrapfanne 20 g Brabu erhitzen und die Scheiben von jeder Seite goldbraun braten

Extra-Tip

Wer es nicht so scharf mag, läßt die Chilischote weg oder entfernt die Körner vor dem Schneiden.

Reife Fleischtomaten lassen sich häuten, ohne daß sie vorher blanchiert werden müssen.

Trennkost-Tip

Dieses Gericht ist eine **Kohlenhydratmahlzeit**.

Tofu

Tofu

Gefüllte Paprika-schote mit Tofureis

Zutaten

100 g Räuchertofu (weiche Sorte)

200 g Tofu natur (weiche Sorte)

12 Paprikaschoten mit Stiel

1 Knoblauchzehe

200 g Schafskäse

100 g Naturreis

2 Frühlingszwiebeln

4 Eigelb

2 gehäufte Eßl. Crème fraîche

3 Eßl. Sojasoße

100 g Brabu

Gemüseconsommé

1 gestrichener Teel. Paprikapulver scharf

1 gestrichener Teel. Paprikapulver mild

1 Msp. Safran

Salz

Zubereitung

❍ Den Reis in einem Topf mit 2-fingerbreit Wasser bedecken
❍ Salzen
❍ So lange auf kleinster Flamme bei geschlossenem Deckel köcheln, bis das Wasser aufgebraucht ist
❍ Die Zwiebeln grob hacken
❍ In 20 g Brabu Farbe nehmen lassen
❍ Den Knoblauch durch eine Presse geben und kurz mitbraten
❍ 4 Paprikaschoten grob würfeln
❍ In 20 g Brabu von allen Seiten anbraten

❍ Den Tofu natur mit einer Gabel grob zerdrücken
❍ Würzen mit 1 Eßl. Sojasoße, Gemüseconsommé und Pfeffer
❍ In 20 g Brabu unter Wenden von allen Seiten ganz kurz anbraten
❍ Den Schafskäse mit der Gabel zerdrücken
❍ Alles mischen mit dem Eigelb, der Crème fraîche, 1 Eßl. Sojasoße und dem Paprikapulver
❍ Abschmecken mit Gemüseconsommé

❍ Von den restlichen 8 Paprikaschoten jeweils einen Deckel schneiden
❍ Das Kerngehäuse entfernen
❍ Die Tofumasse einfüllen

❍ Mit 20 g Brabu eine Auflaufform ausfetten
❍ Die gefüllten Paprikaschoten hineinsetzen
Im Ofen bei 200° C 20 Minuten braten
❍ Danach die Deckelchen auf die gefüllten Parikaschoten aufsetzen
20 Minuten bei 170° C weiterbraten
❍ Die Auflaufform mit Alufolie abdecken
Weitere 20 Minuten bei 170° C weitergaren

❍ Den Räuchertofu in kleine Würfel teilen
❍ Wenden in dem restlichen Löffel Sojasoße
❍ Bestäuben mit Gemüseconsommé und Pfeffer ...

Tofu

... ❍ In den restlichen 20 g Brabu von allen Seiten anbräunen
❍ Unter den Reis mischen

Extra-Tip
Dazu schmeckt Tomatensalat.

Trennkost-Tip
Dieses Gericht ist eine **Kohlenhydratmahlzeit**.

Tofu-Fricassée im Reisrand

Zutaten

300 g Tofu natur (feste Sorte)
300 g Spargel (frisch oder aus dem Glas)
200 g Erbsen (Tiefkühl)
200 g Naturreis
2 mittelgroße Zwiebeln
2 Eigelb
75 g Crème fraîche
40 g Brabu
60 ml trockener Weißwein
Gemüseconsommé
1 Msp. Muskat
Salz
weißer Pfeffer aus der Mühle

Zubereitung

Vorbereitungen am Vortag
❍ Den Tofu würfeln
❍ In den Wein einlegen
❍ Im Kühlschrank ruhen lassen

Am Folgetag
❍ Den Reis in einem Topf mit 2-fingerbreit Wasser bedecken
❍ Salzen und solange auf kleinster Flamme bei geschlossenem Deckel köcheln, bis das Wasser aufgebraucht ist

❍ Den Tofu in einem Behälter abtropfen
❍ Sud zur Seite stellen
❍ Tofu von allen Seiten würzen mit Gemüseconsommé und Pfeffer
❍ In 20 g Brabu rundum hellbraun anbraten
❍ Die Zwiebeln sehr fein würfeln
❍ In der restlichen Brabu auf mittlerer Flamme goldbraun werden lassen
❍ Die gefrorenen Erbsen einrühren und kurz mitgaren
❍ Crème fraîche und den Weißweinsud dazugeben
❍ Frischen Spargel salzen
❍ In wenig Wasser garen (oder aus dem Glas nehmen)
❍ Abtropfen
❍ Den Spargel in Stücke schneiden und mit Tofu und Zwiebelpfanne vermischen
❍ Würzen mit Gemüseconsommé, Pfeffer und dem Muskat
❍ Das Eigelb einrühren
❍ Das Fricassée erhitzen, andicken lassen (nicht kochen)

❍ Den Reis zu einem Rand dekorieren
❍ Das Fricassée einfüllen

Extra-Tip
Dazu empfehle ich Kopfsalat mit Crème fraîche-Schnittlauch Dressing.
(Dressings ab Seite 224)

Trennkost-Tip
Dieses Gericht ist eine **Kohlenhydratmahlzeit**.

Tofu

Tofu

Tofu-Plinsen mit Sommergemüse und Kartoffeln

Zutaten

400 g Tofu natur (weiche Sorte)

300 g Sellerieknolle

1 kg geputztes buntes Gemüse (ggf. Tiefkühl)

1 kg Kartoffeln (mehligkochend)

4 Eigelb

1 EßI. Sojasoße

50 g Brabu

20 g Butter

1 Bund Petersilie

4 Eßl. Vollkornsemmelbrösel (möglichst Dinkel)

Gemüseconsommé

2 Msp. Muskat

weißer Pfeffer aus der Mühle

Zubereitung

○ Die Kartoffeln mit Schale in wenig Wasser garen
○ Pellen

○ Das bunte Gemüse je nach Sorte in Scheiben oder in Stücke schneiden oder stifteln
○ Würzen mit Gemüseconsommé und Pfeffer
○ In wenig Wasser garen
○ Abtropfen
○ Die Butter einrühren
○ Die Petersilie grob hacken
○ Zur Hälfte vor dem Anrichten unter das Gemüse heben

○ Den Sellerie grob raspeln und in 20 g Brabu von allen Seiten anbraten (muß knackig bleiben)
○ Den Tofu mit einer Gabel fein zerdrücken
○ Tofu mit Sellerie, dem Eigelb, 1 1/2 Eßl. Semmelbrösel, der restlichen Petersilie und der Sojasoße verkneten
○ Mit Gemüseconsommé, 1 Msp. Muskat und etwas Pfeffer würzen
○ Plinsen daraus formen
○ Die restlichen Semmelbrösel mit 1 gestrichenen Teel. Gemüseconsommé, etwas Pfeffer und 1 Msp. Muskat vermischen
○ Die Plinsen darin wenden und bei mittlerer Flamme in 30 g Brabu von beiden Seiten goldbraun braten

Extra-Tip

Dazu empfiehlt sich jede Salatsorte.

Trennkost-Tip

Dieses Gericht ist eine **Kohlenhydratmahlzeit**.

Tofu

Auberginen-Kartoffel-Auflauf mit Tofu

Zutaten

500 g Tofu natur (weiche Sorte)

3 große Auberginen

600 g Kartoffeln (festkochend)

2 mittelgroße Zwiebeln

1 Knoblauchzehe

200 g Wörishofener Käse (60 % i.Tr.)

4 Eigelb

150 g Crème fraîche

150 ml süße Sahne

9 Eßl. Olivenöl

1 gestrichener Eßl. Kräuter der Provence

Gemüseconsommé

weißer Pfeffer aus der Mühle

Extra-Tip

Dazu eignet sich ein gemischter Salat mit Sahne-Dressing und Petersilie.
(Dressings ab Seite 224)

Trennkost-Tip

Dieses Gericht ist eine **Kohlenhydratmahlzeit**.

Zubereitung

○ Die Kartoffeln mit Schale in wenig Wasser nicht zu weich garen
○ Pellen und in 1/2 cm dicke Scheiben schneiden
○ Die Zwiebeln grob würfeln
○ In 2 Eßl. Öl bräunen
○ Die Knoblauchzehe durch eine Presse geben
○ Am Schluß kurz mitbraten
○ Unter die Kartoffeln mischen
○ 1/2 Tasse Wasser und 75 ml Sahne erhitzen
○ Kräftig mit Gemüseconsommé und Pfeffer würzen
○ In die Zwiebelkartoffeln rühren
○ 2 Eßl. Öl ebenfalls untermischen
○ 2 Stunden zugedeckt ziehen lassen

○ Die Auflaufform mit 2 Eßl. Öl ausfetten
○ Die Kartoffeln einfüllen
○ 2 Auberginen in fingerdicke Scheiben schneiden
○ Mit 2 Eßl. Öl bestreichen
○ Leicht mit Gemüseconsommé würzen
○ Bei mittlerer Hitze von beiden Seiten anbraten
○ Auf die Kartoffeln schichten
○ Crème fraîche, die restliche Sahne und das Eigelb mischen
○ Den gut gekühlten Käse grob raspeln
○ 100 g davon zu der Sahne-Eigelb-Mischung geben
○ Alles mit Gemüseconsommé, Pfeffer und den Kräutern der Provence würzen
○ Die Hälfte dieser Soße über die Auberginen gießen
○ Den Auflauf leicht lockern, damit die Soße bis zu den Kartoffeln gelangt
○ Den Tofu mit einer Gabel zerdrücken
○ Die restliche Aubergine grob raspeln und in 1 Eßl. Öl kurz von allen Seiten anbraten
○ Tofu mit dem Rest der Soße und den Auberginenraspeln vermischen, würzen mit Gemüseconsommé und Pfeffer und über den Auflauf streichen
○ Den restlichen Käse darüberstreuen

Im Ofen bei 180° C 60 Minuten garen

Tofu

Tofu

Tofu

Tofubratlinge mit Sahnegurken und Pellkartoffeln

Zutaten

400 g Tofu natur (weiche Sorte)

400 g Blumenkohl

600 g Kartoffeln (festkochend)

800 g Schmorgurken (ersatzweise Salatgurken)

4 Schalotten

4 Eigelb

150 g Schmand

2 Eßl. Sojasoße

60 g Brabu

4 gehäufte Eßl. Vollkornsemmelbrösel (möglichst Dinkel)

1 Bund Dill

Gemüseconsommé

weißer Pfeffer

Zubereitung

❍ Die Kartoffeln mit Schale in wenig Wasser garen
❍ Pellen

❍ Den Tofu zerdrücken
❍ Das Eigelb und die Sojasoße untermischen
❍ Die Schalotten fein würfeln und in 20 g Brabu von allen Seiten goldbraun braten
❍ Den Blumenkohl in Röschen teilen und in wenig Wasser nicht zu weich garen
❍ Zerdrücken und mitsamt den Schalotten zu dem Tofu geben
❍ 2 Eßl. Semmelbrösel einarbeiten
❍ Würzen mit Gemüseconsommé und Pfeffer
❍ Mit einem Eisportionierer Bratlinge formen
❍ Diese in dem Rest der Semmelbrösel wenden
❍ In der restlichen Brabu auf mittlerer Flamme von beiden Seiten goldbraun braten

❍ Die Gurken würfeln
❍ In 1/2 Tasse Wasser auf kleinster Flamme recht weich garen
❍ Würzen mit Gemüseconsommé und Pfeffer
❍ Den Schmand am Schluß untermischen
❍ Den Dill nicht zu fein hacken und vor dem Anrichten dazugeben

Extra-Tip

Dazu schmeckt auch Reis. Als Salat empfehle ich gewürzte Tomaten mit Zwiebeln.

Trennkost-Tip

Dieses Gericht ist mit Kartoffeln oder Reis eine **Kohlenhydratmahlzeit**.

Tofu

Tofu-Geschnetzeltes mit Gurken und Tomaten

Zutaten

400 g Räuchertofu (feste Sorte)

1000 g Schmorgurken (ersatzweise Salatgurken)

2 vollreife Fleischtomaten

200 g Vollkornreis

3 mittelgroße Zwiebeln

150 ml süße Sahne

3 gehäufte Eßl. Crème fraîche

2 Eßl. Sojasoße

60 g Brabu

1 gehäufter Teel. Weizenmehl

1 Bund frischer Dill

Gemüseconsommé

Salz

weißer Pfeffer

Zubereitung

❍ Den Reis in einem Topf mit 2-fingerbreit Wasser bedecken
❍ Salzen und auf kleinster Flamme bei geschlossenem Deckel köcheln, bis das Wasser aufgebraucht ist

❍ Den Tofu in dünne Stifte schneiden
❍ Wenden in Sojasoße, würzen mit Gemüseconsommé und Pfeffer
❍ In 20 g Brabu von allen Seiten goldbraun braten
❍ Die Tofu-Stifte aus der Pfanne nehmen
❍ 10 g Brabu in den Bratresten schmelzen lassen
❍ Das Mehl in die Pfanne stäuben, leicht bräunen lassen
❍ Mit der Sahne ablöschen
❍ Mit einem Schneebesen rasch verrühren
❍ Alles 5 Minuten bei kleinster Flamme unter gelegentlichem Rühren köcheln lassen
❍ Den Tofu unterheben, erhitzen, nicht mitkochen lassen
❍ Abschmecken mit Gemüseconsommé und Pfeffer
❍ Den Dill hacken
❍ Vor dem Anrichten die Hälfte vom Dill einrühren

❍ Die Gurken in mundgerechte Stücke schneiden
❍ Die Zwiebeln grob würfeln
❍ Die Tomaten häuten und gleichmäßig würfeln
❍ In einem Topf den Rest der Brabu erhitzen
❍ Die Zwiebelwürfel langsam Farbe nehmen lassen
❍ Die Gurkenstücke dazugeben und etwa 20 Minuten köcheln lassen
❍ Die Tomaten untermischen
❍ Nur 2 Minuten mitköcheln
❍ Würzen mit Gemüseconsommé und Pfeffer
❍ Crème fraîche einrühren
❍ Noch einmal aufkochen
❍ Bei geschlossenem Deckel einige Minuten nachdünsten lassen
❍ Vor dem Servieren den Rest des Dills unterheben

Extra-Tip

Dazu paßt Tomaten-Gurken-Salat.

Trennkost-Tip

Dieses Gericht ist eine **Kohlenhydratmahlzeit.** Wegen der gekochten Tomaten sollte es nur gelegentlich auf dem Kohlenhydrat-Speiseplan stehen.

Tofu

Tofu

Tofu

Bouletten mit Tofu-Nudeln und Brokkoli

Zutaten

400 g Räuchertofu (weiche Sorte)

300 g Dinkelspaghetti

250 g Blumenkohl

400 g Brokkoli

150 g Schafskäse

1 Bund Frühlingszwiebeln

3 Eigelb

50 g Vollkornsemmelbrösel (möglichst Dinkel)

3 Eßl. Sojasoße

60 g Brabu

20 g Butter

1 Teel. Oregano

Gemüseconsommé

1 Msp. Muskat

weißer Pfeffer

Zubereitung

○ 300 g Tofu zerdrücken
○ Schafskäse zerdrücken
○ Beides vermischen
○ Das Eigelb einrühren
○ Den Blumenkohl in Röschen teilen
○ In wenig Wasser nicht zu weich garen
○ Ebenfalls zerdrücken und zu dem Tofu geben
○ Die Zwiebeln in mittelfeine Ringe schneiden
○ In 20 g Brabu goldgelb braten
○ 2/3 von den gebratenen Zwiebeln unter die Tofu-Mischung heben
○ Die Semmelbrösel dazumischen
○ Alles würzen mit 2 Eßl. Sojasoße, Gemüseconsommé, Pfeffer und dem Oregano
○ Bratlinge formen und in 30 g Brabu von beiden Seiten goldbraun braten

○ Die Nudeln in siedendes Salzwasser geben und 10 Minuten leicht köchelnd garen
○ Abgießen
○ Den restlichen Tofu klein würfeln
○ In 1 Eßl. Sojasoße wenden
○ Würzen mit Gemüseconsommé und Pfeffer
○ In 10 g Brabu von allen Seiten knusprig braten
○ Mitsamt den restlichen gebratenen Zwiebeln unter die Nudeln heben

○ Den Brokkoli würzen mit Gemüseconsommé, Pfeffer und Muskat
○ In wenig Wasser garen
○ Abtropfen
○ Mit der Butter überschmelzen

Extra-Tip

Dazu schmeckt ein Salat aus Endivien mit Crème fraîche-Schnittlauch Dressing. (Dressings ab Seite 224).

Trennkost-Tip

Dieses Gericht ist eine **Kohlenhydratmahlzeit**.

Tofu

Serbischer Tofu-Reis

Zutaten

400 g Räuchertofu (feste Sorte)

300 g Naturreis

3 rote Paprikaschoten

3 grüne Paprikaschoten

3 gelbe Paprikaschoten

4 mittelgroße Zwiebeln

1 Eßl. Sojasoße

8 Eßl. Olivenöl

1 leicht gehäufter Eßl. Kräuter der Provence

Gemüseconsommé

1 gestrichener Teel. Paprikapulver scharf

1 gestrichener Teel. Paprikapulver mild

Salz

Zubereitung

○ Den Reis in einem Topf mit 2-fingerbreit Wasser bedecken
○ Salzen und so lange auf kleinster Flamme bei geschlossenem Deckel köcheln, bis das Wasser aufgebraucht ist
○ Die Paprikaschoten in Stücke schneiden
○ In 3 Eßl. Öl von allen Seiten gut durchbraten
○ Die Zwiebeln grob würfeln
○ In 3 Eßl. Öl braten, bis sie beginnen, Farbe zu nehmen
○ Zwiebeln und Paprikastücke zugedeckt bei kleinster Flamme köcheln lassen, bis die Paprikas gar sind
○ Alle Gewürze zugeben
○ Den Tofu würfeln
○ Wenden in der Sojasoße
○ Würzen mit Gemüseconsommé
○ In dem restlichen Öl von allen Seiten knusprig braten
○ Tofu und die Paprika-Zwiebel-Mischung unter den Reis heben

Extra-Tip

Dazu paßt eine Weißkraut-Paprika-Rohkost mit Joghurt-Dressing. (Dressings ab Seite 224)

Trennkost-Tip

Dieses Gericht ist eine **Kohlenhydratmahlzeit**.

Tofu

Tofu

Tofu

Pinienkern-Tofu mit Spinat

Zutaten

400 g Räuchertofu (feste Sorte)

500 g gehackter Spinat (Tiefkühl)

600 g Kartoffeln (mehligkochend)

50 g Pinienkerne

2 Schalotten

1 Knoblauchzehe

100 ml süße Sahne

2 Eßl. Sojasoße

5 Eßl. Olivenöl

Gemüseconsommé

weißer Pfeffer aus der Mühle

Zubereitung

○ Die Kartoffeln mit Schale in wenig Wasser garen
○ Pellen

○ Den Tofu in große Würfel teilen
○ Wenden in der Sojasoße
○ Würzen mit Gemüseconsommé und Pfeffer
○ In 2 Eßl. Öl von allen Seiten knusprig hellbraun braten

○ Den Spinat zum Kochen bringen
○ Die Sahne dazugeben
○ Noch einmal kurz aufkochen
○ Würzen mit Gemüseconsommé und Pfeffer

○ Die Schalotten sehr fein schneiden
○ In 2 Eßl. Öl goldbraun braten
○ Die Knoblauchzehe durch eine Presse geben und am Schluß kurz mitbraten
○ Die Pinienkerne in 1 Eßl. Öl leicht anrösten
○ Alles unter den Spinat mischen

○ Die Tofuwürfel erst kurz vor dem Anrichten unterheben

Extra-Tip

Dazu schmeckt ein Selleriesalat mit Joghurt und Walnußstücken.

Trennkost-Tip

Dieses Gericht ist eine **Kohlenhydratmahlzeit.**

Tofu

Mandelkuchen mit Tofu-Honig-Kruste

Zutaten

400 g Tofu natur (weiche Sorte)

250 g geschälte, gemahlene Mandeln

50 g gehackte Mandeln

10 Eigelb

150 g Crème fraîche

8 Eßl. Honig

150 ml Birnette

2 Eßl. Zitronensaft

1 Vanilleschote

1 gestrichener Teel. gemahlener Zimt

Salz

Zubereitung

❍ Die gemahlenen Mandeln mit kochendem Wasser übergießen und 1 Stunde quellen lassen
❍ 2 Eßl. davon für die Tofu-Kruste zur Seite stellen
❍ 7 Eigelb mit der Birnette zu einer Creme aufschlagen (muß zähflüssig und sehr hell werden)
❍ Das Innere von 1/2 Vanilleschote, 1/2 Teel. Zimt, etwas Salz, 1 Eßl. Zitronensaft, die gequollenen Mandeln und 75 g Crème fraîche vermischen
❍ Vorsichtig unter die Eigelbmasse heben
❍ Eine Springform mit Backpapier auslegen
❍ Den Teig einstreichen

❍ Die gehackten Mandeln in der Pfanne ohne Fett von allen Seiten goldbraun anrösten
❍ Mit dem restlichen Eigelb, dem Inneren von 1/2 Vanilleschote und dem Honig zusammenrühren
❍ Den Tofu mit einer Gabel sehr fein zerdrücken
❍ Mit der restlichen Crème fraîche, den zur Seite gestellten Mandeln und dem restlichen Zitronensaft verrühren
❍ Mit den Eigelbmandeln vermischen
❍ Den Kuchen mit dieser Creme bedecken
Im Ofen bei 200° C 60 Minuten backen

Extra-Tip

Dazu serviere ich Schlagsahne, die mit Honig gesüßt ist. Wenn dieser noch 1 Messerspitze Zimt zugemischt wird, schmeckt sie besonders delikat.

Trennkost-Tip

Dieses Gericht ist eine *Eiweißmahlzeit*.

Tofu

Tofu

Tofu-Reis-Gemüsepfanne

Zutaten

- 500 g Tofu natur (feste Sorte)
- 150 g Naturreis
- 3 grüne Paprikaschoten
- 2 kleine Auberginen
- 3 mittelgroße Zucchini
- 2 große vollreife Fleischtomaten
- 1 Bund Frühlingszwiebeln
- 3 Knoblauchzehen
- 1 Eßl. Sojasoße
- 7 Eßl. Olivenöl
- 1 Bund Basilikum
- Gemüseconsommé
- 1 gestrichener Teel. Paprikapulver scharf
- 2 Spritzer Tabascosoße
- weißer Pfeffer aus der Mühle
- Salz

Zubereitung

- Den Reis in einem Topf mit 2-fingerbreit Wasser bedecken
- Salzen und so lange auf kleinster Flamme bei geschlossenem Deckel köcheln, bis das Wasser aufgebraucht ist

- Die Zwiebeln in mittelfeine Ringe schneiden
- Den Knoblauch fein hacken
- Zwiebelringe in 2 Eßl. Öl gut durchbraten, bis sie leicht gebräunt sind
- Am Schluß den gehackten Knoblauch kurz mitbraten lassen

- Die Paprikaschoten in 4 cm große Quadrate schneiden
- In 2 Eßl. Öl von allen Seiten anbraten
- Die Tomaten abziehen und mittelgroß würfeln
- Die Auberginen würfeln
- Die Auberginen in 2 Eßl. Öl von allen Seiten braten
- In zugedeckter Pfanne garköcheln lassen
- Die Zucchini in Scheiben schneiden
- In 2 Eßl. Öl von beiden Seiten braten

- Tofu in kleine Würfel schneiden
- In der Sojasoße wenden
- Würzen mit Gemüseconsommé und Pfeffer
- In 1 Eßl. Öl von allen Seiten goldbraun braten

- Alle Gemüse mit den rohen Tomatenwürfeln vermischen
- Gemeinsam bei geschlossenem Deckel auf kleinster Flamme noch 10 Minuten garen
- Würzen mit Gemüseconsommé, dem Paprikapulver und dem Tabasco
- Vor dem Anrichten alle Zutaten mit dem Reis vermischen
- Basilikum grob hacken und zu 2/3 unterheben
- Den Rest des Basilikums vor dem Servieren über den Tofu-Gemüsereis streuen

Extra-Tip

Dazu schmeckt Tomatensalat.

Trennkost-Tip

Dieses Gericht ist eine **Kohlenhydratmahlzeit**. Wegen der gekochten Tomaten sollte es nur gelegentlich auf dem Kohlenhydrat-Speiseplan stehen.

Tofu

Tofu-Ecken mit Selleriestiften und Semmelknödeln

Zubereitung

○ Den Sellerie in Stifte schneiden
○ In der Sahne und 400 ml Wasser nahezu weich garen
○ Gut abtropfen
○ 125 ml von dem Sahne-Wasser-Gemisch zur Seite stellen
○ Die Selleriestifte würzen mit Gemüseconsommé und Pfeffer
○ 1 Eigelb mit 1 Eßl. Sojasoße verrühren
○ Die Stifte darin wenden
○ Mit den Semmelbröseln panieren
○ In 30 g Brabu von allen Seiten knusprig braten

○ Die Semmelknödel nach Packungsvorschrift fertigstellen

○ Den Tofu in Ecken teilen
○ Bestreichen mit der restlichen Sojasoße
○ Würzen mit Gemüseconsommé und Pfeffer
○ In 20 g Brabu von beiden Seiten zartbraun braten

○ Crème fraîche mit Sahne-Wasser-Gemisch verrühren
○ Erhitzen und auf kleinste Flamme stellen
○ Mit einem Schneebesen vorsichtig 2 Eigelb einrühren
○ Die Soße soll stocken, jedoch nicht kochen
○ Würzen mit Gemüseconsommé und Pfeffer
○ Vom Herd nehmen
○ Den Schnittlauch in feine Ringe schneiden und untermischen

Zutaten

500 g Tofu natur (feste Sorte)

400 g Sellerieknollen

1 Packung Semmelknödel (4 Pers.) (Fertigprodukt, mögl. Vollkorn)

50 g Vollkornsemmelbrösel (möglichst Dinkel)

3 Eigelb

100 ml süße Sahne

150 g Crème fraîche

2 Eßl. Sojasoße

50 g Brabu

2 Bund Schnittlauch

Gemüseconsommé

weißer Pfeffer

Extra-Tip

Dazu schmeckt bunter Salat in Sahne-Dressing. (Dressings ab Seite 224)

Trennkost-Tip

Dieses Gericht ist eine **Kohlenhydratmahlzeit**.

Tofu

Tofu-Cheeseburger

Zutaten

300 g Räuchertofu (weiche Sorte)

300 g Zucchini

4 Scheiben Vollkornbrot

4 dicke Scheiben Wörishofener Käse (60% i. Tr.)

2 mittelgroße Salzdillgurken

2 mittelgroße Zwiebeln

1 Knoblauchzehe

3 Eigelb

2 Eßl. Sojasoße

60 g Brabu

60 g Butter

2 gehäufte Eßl. Vollkornsemmelbrösel (möglichst Dinkel)

Gemüseconsommé

weißer Pfeffer

Zubereitung

❍ Den Tofu mit einer Gabel zerdrücken
❍ Die Zucchini grob raspeln, ausdrücken
❍ In 20 g Brabu von allen Seiten gut anbraten
❍ Den Tofu mit dem Eigelb und den Zucchini vermischen
❍ Die Zwiebeln fein würfeln
❍ In 20 g Brabu hellbraun braten
❍ Die Knoblauchzehe durch eine Presse geben und am Schluß kurz mitbraten
❍ Alles zusammen mit den Semmelbröseln verkneten
❍ Würzen mit Gemüseconsommé, Sojasoße und Pfeffer
❍ Die restliche Brabu in einer Pfanne erhitzen
❍ Große, flache Bratlinge in das Fett setzen und von beiden Seiten goldbraun braten

❍ Die Brotschnitten mit Butter bestreichen
❍ Die Salzdillgurken in Längsscheiben teilen
❍ Die Brote mit den Gurkenscheiben belegen
❍ Die Bratlinge daraufsetzen
❍ Mit den Käsescheiben bedecken

Im Backofen bei 200° C Oberhitze überbacken, bis der Käse goldbraun ist

Extra-Tip

Dazu schmeckt auch anderes milchgesäuertes Gemüse.

Trennkost-Tip

Dieses Gericht ist eine **Kohlenhydratmahlzeit**.

Tofu

Tofu-Hamburger

Zutaten

400 g Tofu natur (weiche Sorte)

300 g Blumenkohlröschen

2 große vollreife Fleischtomaten

4 Salatblätter (Eisberg, Frisée o.a.)

1 mittelgroße Salzdillgurke

1/2 rote Paprikaschote

2 große Zwiebeln

4 Vollkorn-Hamburgerbrötchen mit Sesam

2 gehäufte Eßl. Vollkornsemmelbrösel (möglichst Dinkel)

3 Eigelb

2 Eßl. Sojasoße

1 leicht gehäufter Eßl. Mayonnaise

1 leicht gehäufter Eßl. Crème fraîche

2 gehäufte Eßl. Joghurt

40 g Brabu

1/2 Bund Dill

Gemüseconsommé

Algen-Kräuter-Salz

weißer Pfeffer aus der Mühle

Zubereitung

○ Den Tofu mit der Gabel zerdrücken
○ Die Blumenkohlröschen in wenig Wasser nicht zu weich garen
○ Abtropfen und mit der Gabel zerdrücken
○ Den Dill hacken
○ 1 Zwiebel fein würfeln
○ In 20 g Brabu hellbraun braten
○ Tofu, Blumenkohl, das Eigelb und die Semmelbrösel mit den Zwiebeln vermischen
○ Würzen mit Gemüseconsommé, Sojasoße, Kräutersalz, Dill und Pfeffer
○ Die Brabu in einer Pfanne erhitzen
○ Von der Tofumischung 4 große Bratlinge in das Fett setzen
○ Sehr flach drücken
○ Von beiden Seiten bei mäßiger Hitze goldbraun braten

○ Die Hamburgerbrötchen durchschneiden, von beiden Seiten leicht toasten

○ Für die Remoulade die Mayonnaise, die Crème fraîche und den Joghurt verrühren
○ Die Salzdillgurke und die halbe Paprika sowie eine halbe Zwiebel fein würfeln und untermischen
○ Würzen mit Gemüseconsommé und Pfeffer

○ Jeweils eine Hamburgerhälfte mit der Remoulade bestreichen
○ Mit einem Salatblatt und dicken Tomatenscheiben belegen
○ Würzen mit Algen-Kräuter-Salz
○ Die restliche Zwiebelhälfte in Ringe schneiden
○ Über die Tomaten dekorieren
○ Auf jede Hälfte 1 der frisch gebratenen Bouletten legen
○ Mit der anderen Brötchenhälfte bedecken

Extra-Tip

Der Tofu-Hamburger eignet sich ideal als Party-Snack. Dazu schmeckt Buttermilch. Die Remoulade paßt zu vielen Gerichten und eignet sich auch als Dip für Gemüsegerichte oder Gegrilltes.

Trennkost-Tip

Dieses Gericht ist eine **Kohlenhydratmahlzeit.** Die Remoulade ist (fast) *neutral*.

Tofu

Tofu

Tofu

Paprikakuchen mit Tofu

Zutaten

500 g Räuchertofu (feste Sorte)
500 g Mehl
5 grüne Paprikaschoten
5 rote Paprikaschoten
3 mittelgroße Auberginen
2 Knoblauchzehen
300 g Mozzarella
2 Eigelb
1 Würfel Hefe
50 ml lauwarmes Wasser
100 ml lauwarme Buttermilch
150 ml Olivenöl
1 Bund glatte Petersilie
2 gestrichene Eßl. Oregano
Gemüseconsommé
1 Teel. Zucker
weißer Pfeffer
2 Prisen Salz

Extra-Tip

Dieser Kuchen schmeckt deftiger, wenn zur Hälfte Mozzarella und zur Hälfte Schafskäse genommen wird. Davor empfehle ich einen gemischten Salat mit Joghurt-Dressing. (Dressings ab Seite 224)

Trennkost-Tip

Dieses Gericht ist eine **Kohlenhydratmahlzeit**.

Zubereitung

- Das Mehl in eine Schüssel sieben
- In die Mitte eine Mulde drücken
- Die Hefe mit dem Zucker und 50 ml Wasser glattrühren
- In die Mulde gießen
- Mit wenig Mehl verrühren
- Mit einem Handtuch zudecken
- An einen warmen Platz stellen, bis die Hefe aufzugehen beginnt
- Die Buttermilch zur Hefe gießen
- Das Salz auf den Mehlrand streuen
- Von außen nach innen die Zutaten vermischen
- Das Eigelb und 50 ml Öl hinzufügen
- Alles zu einem geschmeidigen Teig verkneten
- Zudecken und an einem warmen Ort 20-30 Minuten gehen lassen
- Zu zwei Kuchenböden ausrollen

- Ein Backblech mit Backpapier auslegen
- Die geputzten und entkernten Paprika halbieren
- Diese mit einem Backpinsel mit 4 Eßl. Öl einstreichen
- Mit der Öffnung nach unten auf das Blech legen

Im Ofen bei 170° C 30 Minuten backen

- Die Paprika abkühlen lassen
- In Streifen schneiden
- Mit 30 ml Öl vermischen
- Die Petersilie fein hacken
- Den Knoblauch durch eine Presse geben
- 1 Eßl. des Oregano und die Hälfte des Knoblauchs hinzugeben

- Die Auberginen in fingerdicke Scheiben schneiden
- Würzen mit wenig Gemüseconsommé
- Mit 20 ml Öl von beiden Seiten bestreichen
- Anbraten, bis sie beginnen, weich zu werden

- Den Tofu in Scheiben schneiden
- Würzen mit Gemüseconsommé und Pfeffer
- Das restliche Öl, den restlichen Oregano und den restlichen Knoblauch untermischen
- Etwas durchziehen lassen

- Die Auberginenscheiben auf den Kuchenböden verteilen
- Die Paprikastreifen darüber schichten
- Die Mozzarella fein würfeln
- Über den Kuchen streuen

Im Ofen bei 220° C 40 Minuten backen

Tofu

Bratkartoffeln mit Tofusülze

Zutaten

- 400 g Räuchertofu (feste Sorte)
- 600 g Kartoffeln (festkochend)
- 200 g Blumenkohlröschen
- 4 mittelgroße Karotten
- 150g Broccoliröschen
- 1 Tasse Erbsen (Tiefkühl)
- 1 mittelgroßer Kohlrabi
- 1 mittelgroße Zwiebel
- 450 ml Brottrunk
- 60 g Brabu
- Gemüseconsommé
- 3 leicht gehäufte Teel. Agar-Agar (Algenpulver)
- 1 gestrichener Teel. Pfefferkörner weiß
- 1 gestrichener Teel. Wacholderbeeren
- 1 gestrichener Teel. Pimentkörner
- 3 Lorbeerblätter
- 2 cl trockener Weißwein
- schwarzer Pfeffer aus der Mühle

Zubereitung

- Kartoffeln mit Schale in wenig Wasser garen
- Pellen, abkühlen lassen
- In Scheiben schneiden
- Würzen mit Gemüseconsommé und Pfeffer
- Die Zwiebel fein würfeln
- In 30 g Brabu erhitzen
- Die Kartoffeln unter die Zwiebeln mischen
- Kurz heiß anbraten
- Auf gemäßigter Flamme unter Wenden von allen Seiten goldbraun werden lassen

- Agar-Agar in 300 ml kaltem Wasser 2 Std. quellen lassen
- Danach zugedeckt 30 Minuten köcheln
- Mit 150 ml Brottrunk verrühren
- Würzen mit Gemüseconsommé, erneut kurz aufkochen

- Die Karotten in Scheiben schneiden
- Den Kohlrabi würfeln
- Beides in 300 ml Brottrunk 10 Minuten lang garen
- Blumenkohl in Röschen teilen
- Zu dem Karotten-Broccoli-Gemüse geben
- Würzen mit Gemüseconsommé, Pfefferkörnern, Piment, Wacholder und Lorbeerblättern
- Alles zusammen auf kleinster Flamme weitergaren (nicht allzu weich)
- Zuletzt die Erbsen 2 Minuten mitgaren
- Abgießen, Flüssigkeit auffangen

- Die Gemüseflüssigkeit zu dem Algenansatz mischen
- Abkühlen lassen, bis es beginnt zu gelieren

- Den Tofu in große Würfel teilen
- Von allen Seiten mit dem Wein beträufeln
- Würzen mit Gemüseconsommé und Pfeffer
- In 30 g Brabu von allen Seiten goldbraun braten
- Mit dem Gemüse zusammen vorsichtig in eine Form schichten
- Mit dem noch flüssigen Algengelee auffüllen und erstarren lassen

Extra-Tip

Wenn man die Sülze extravaganter mag, kann 1/2 Teel. Honig ins Gemüse-Kochwasser gegeben werden.

Trennkost-Tip

Dieses Gericht ist eine **Kohlenhydratmahlzeit**.

Tofu

Tofu

Tofu

Grüner Bohneneintopf mit Tofuwürfeln

Zutaten

300 g Räuchertofu (feste Sorte)

600 g Kartoffeln (mehligkochend)

800 g grüne Schnittbohnen (Tiefkühl)

2 gehäufte Eßl. Dinkelvollkornmehl

2 große Zwiebeln

75 g Crème fraîche

3 Eßl. Sojasoße

80 g Brabu

3 Zweige frisches Bohnenkraut (ersatzweise 2 gestrichene Eßl. getrocknetes Bohnenkraut)

Gemüseconsommé

weißer Pfeffer

Extra-Tip

Dieser Eintopf schmeckt so richtig nach Omas Zeiten. Wer auf die Kalorien achten will, kann die Dinkelmehlschwitze gänzlich weglassen.

Trennkost-Tip

Dieses Gericht ist eine **Kohlenhydratmahlzeit**.

Zubereitung

○ Kartoffeln schälen und würfeln
○ Mit den Bohnen zusammen in einen Kochtopf geben
○ Das Kochgut knapp mit Wasser bedecken
○ Würzen mit Gemüseconsommé und Pfeffer sowie den Bohnenkrautblättern oder dem getrockneten Bohnenkraut
○ Bei kleiner Flamme so lange köcheln, bis die Kartoffeln recht weich sind

○ 30 g Brabu in der Pfanne erhitzen
○ Das Dinkelmehl drüberstreuen
○ Unter Rühren leicht bräunen lassen
○ Reichlich Flüssigkeit aus dem Eintopf einfüllen
○ Mit dem Schneebesen rasch verrühren
○ 2 Minuten köcheln lassen
○ Die Schwitze wieder in den Bohnentopf zurückgeben
○ Crème fraîche einrühren
○ Die Zwiebeln würfeln
○ In 20 g Brabu goldbraun braten
○ Zu den Bohnenkartoffeln geben
○ Einige Minuten mitkochen lassen

○ Den Tofu in große Würfel teilen
○ In der Sojasoße wenden
○ Würzen mit Gemüseconsommé und Pfeffer
○ In den restlichen 30 g Brabu von allen Seiten knusprig braten
○ Die Tofuwürfel erst vor dem Servieren untermischen (nicht mitkochen lassen)

Tofu

Wirsing mit Tofuwürfeln und Bratkartoffeln

Zutaten

400 g Räuchertofu (feste Sorte)

500 g kleine Kartoffeln (festkochend)

1 Wirsingkohl ca. 600 g

1 leicht gehäufter Eßl. Dinkelvollkornmehl

2 mittelgroße Zwiebeln

2 Knoblauchzehen

75 g Crème fraîche

2 Eßl. Sojasoße

70 g Brabu

1 gehäufter Teel. Kräuter der Provence

Gemüseconsommé

1 Msp. geriebenen Muskat

schwarzer Pfeffer aus der Mühle

Zubereitung

○ Die Kartoffeln mit Schale in wenig Wasser garen
○ Pellen
○ In Würfel teilen
○ Würzen mit Gemüseconsommé und Pfeffer
○ In 20 g Brabu von allen Seiten knusprig braun braten

○ Den Wirsing in feine Streifen schneiden
○ Würzen mit Gemüseconsommé und Pfeffer
○ In wenig Wasser garen, abtropfen
○ Das Kochwasser auffangen
Ggf. mit Wasser zu 1/8 l ergänzen
○ Die Zwiebeln fein würfeln
○ 1 Knoblauchzehe durch eine Presse geben
○ Die Hälfte der Zwiebeln mit der Knoblauchzehe in 20 g Brabu hellbraun braten
○ Das Mehl darüberstreuen
○ Unter Rühren leicht bräunen lassen
○ Das Wirsingkochwasser dazu gießen
○ Mit einem Schneebesen diese Zwiebelschwitze glattrühren
○ Alles zu dem Wirsing geben
○ Die Crème fraîche unterrühren
○ Mit dem Muskat verfeinern

○ Den Tofu in der Sojasoße wenden
○ Würzen mit Gemüseconsommé, Pfeffer und den Kräutern der Provence
○ In 20 g Brabu von allen Seiten goldbraun braten
○ 1 Knoblauchzehe durch eine Presse geben
○ Mit den restlichen Zwiebeln in 10 g Brabu unter Wenden braten
○ Die Tofuwürfel und die Knoblauch-Zwiebeln vermischen
○ Auf kleiner Flamme von allen Seiten gemeinsam kurz durchbraten

Extra-Tip

Zu diesem Wintergericht paßt als Getränk Buttermilch.

Trennkost-Tip

Dieses Gericht ist eine **Kohlenhydratmahlzeit**.

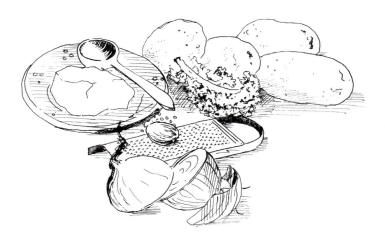

Tofu

Tofu

Tofu

Tofu-Kartoffelsalat

Zutaten

300 g Räuchertofu (feste Sorte)

600 g Kartoffeln (festkochend)

1 kleine Salatgurke

3 mittelgroße Fleischtomaten

1 rote Paprikaschote

1 grüne Paprikaschote

1 kleiner Bund Frühlingszwiebeln

170 g Joghurt 3,5%

2 leicht gehäufte Eßl. Mayonnaise

150 g Crème fraîche

2 Eßl. Sojasoße

3 Eßl. Olivenöl

1 kleiner Bund Petersilie

Gemüseconsommé

schwarzer Pfeffer

Zubereitung

○ Die Kartoffeln mit Schale in wenig Wasser garen
○ Pellen
○ Noch lauwarm in dünne Scheiben schneiden
○ 1/4 l heißes Wasser mit Gemüseconsommé und etwas Pfeffer zu einer kräftigen Gemüsebrühe abschmecken
○ Unter die Kartoffeln mischen
○ Zugedeckt 2 Stunden ziehen lassen

○ Die Tomaten, die Gurke und die Paprikaschoten klein würfeln
○ Mit Gemüseconsommé würzen
○ Unter die Kartoffeln mischen

○ Den Joghurt, die Crème fraîche und die Mayonnaise zu einem Dressing verrühren
○ Die Frühlingszwiebeln in feine Ringe schneiden und hineingeben
○ Würzen mit Gemüseconsommé und Pfeffer
○ Die Soße unter die Kartoffeln heben

○ Den Tofu in kleine Würfel teilen
○ In der Sojasoße wenden
○ Würzen mit Gemüseconsommé und Pfeffer
○ In dem Öl von allen Seiten knusprig braten
○ Noch warm zu dem Kartoffelsalat mischen

○ Die Petersilie grob hacken und dazugeben

Extra-Tip

Mit diesem herrlichen Kartoffelsalat machst Du auf jeder Party Furore. Er eignet sich jedoch im Sommer durchaus als sättigendes Hauptgericht. Als Getränk empfiehlt sich dazu ein Bier.

Trennkost-Tip

Dieses Gericht ist eine **Kohlenhydratmahlzeit**.

Tofu

Deftiger Tofu-Kartoffeltopf mit Oliven

Zutaten

400 g Räuchertofu (feste Sorte)	6 Eßl. Olivenöl
800 g Kartoffeln (mehligkochend)	1 Zweig frischer Rosmarin (ersatzweise 1 gestr. Teel. Rosmarinpulver)
100 g gefüllte grüne Oliven	1 gestrichener Teel. Oregano
3 große Gemüsezwiebeln	Gemüseconsommé
2 Eßl. Sojasoße	schwarzer Pfeffer

Zubereitung

○ Den Tofu grob würfeln
○ In der Sojasoße wenden
○ Würzen mit Gemüseconsommé und Pfeffer
○ Von allen Seiten in 4 Eßl. Öl goldbraun knusprig braten
○ Die Zwiebeln sehr grob würfeln
○ In dem restlichen Öl goldbraun braten
○ Die Rosmarinnadeln im Mörser zerreiben und dazugeben
○ Alles zusammen mitköcheln lassen

○ Die Kartoffeln schälen, mittelgroß würfeln
○ Würzen mit Gemüseconsommé und Pfeffer
○ In wenig Wasser recht weich garen
○ Die Oliven unterheben
○ Die Zwiebel-Tofu-Pfanne dazumischen
○ Würzen mit dem Oregano
○ Bei geschlossenem Deckel alles zusammen auf der ausgestellten Herdplatte noch einige Minuten durchziehen lassen

Extra-Tip

Dazu schmecken gebratene Tomatenscheiben.

Trennkost-Tip

Dieses Gericht ist eine **Kohlenhydratmahlzeit**. Allerdings sollten statt der gebratenen Tomaten rohe gewürzte Tomaten dazu serviert werden.

Tofu

Steinpilztofu mit Nudeln und Erbsen

Zutaten

400 g Räuchertofu (feste Sorte)

400 g Dinkelnudeln

300 g grüne Erbsen (Tiefkühl)

50 g getrocknete Steinpilze

5 Schalotten

200 ml süße Sahne

2 Eßl. Sojasoße

50 g Brabu

20 g Butter

1 Bund Petersilie

Gemüseconsommé

weißer Pfeffer aus der Mühle

Salz

Zubereitung

○ Die Steinpilze in kaltem Wasser 2 Stunden quellen lassen
○ Abtropfen

○ Die Nudeln in sprudelndes Salzwasser geben und 10 Minuten leicht köchelnd garen
○ Abtropfen und mit der Butter vermischen

○ Den Tofu würfeln
○ In der Sojasoße wenden
○ Würzen mit Gemüseconsommé und Pfeffer
○ In 30 g Brabu kräftig anbraten
○ Die Steinpilze ebenfalls in 20 g Brabu 3 Minuten gut durchbraten
○ Alles vermischen
○ Die Erbsen hinzugeben
○ Die Sahne eingießen und kurz aufkochen lassen
○ Würzen mit Gemüseconsommé und Pfeffer
○ Steinpilztofu unter die Nudeln heben
○ Die Petersilie hacken und dazugeben

Extra-Tip

Dazu oder davor schmecken geraspelte Karotten in Joghurt-Dressing mit Rosinen und gehackten Walnüssen. (Dressings ab Seite 224)

Trennkost-Tip

Dieses Gericht ist eine *Kohlenhydratmahlzeit*.

Tofu

Tofu

Tofu-Medaillons mit Sesamzucchini

Zutaten

500 g Tofu natur (feste Sorte)

500 g Zucchini

500 g vollreife Fleischtomaten

250 g Schafskäse

2 Eier

2 Eßl. Sojasoße

9 Eßl. Olivenöl

80 g Sesamkörner

3 leicht gehäufte Teel. Oregano

Gemüseconsommé

Algen-Kräuter-Salz

schwarzer Pfeffer aus der Mühle

Zubereitung

❍ 100 g von den Zucchini grob raspeln
❍ In 2 Eßl. Öl von beiden Seiten leicht anbraten
❍ Den Schafskäse zerdrücken und in die Raspeln mischen
❍ Würzen mit Algen-Kräuter-Salz, Pfeffer und 1 Teel. Oregano

❍ 400 g Tofu in dicke Scheiben schneiden
❍ Die Tofuscheiben wenden in der Sojasoße
❍ Würzen mit Algen-Kräuter-Salz und Pfeffer
❍ In 2 Eßl. Öl von einer Seite anbraten
❍ Die Zucchini-Käse-Mischung auf eine Seite häufen
❍ Ein Backblech mit Backpapier belegen
❍ Die Medaillons darauf setzen
Im Ofen bei 200° C 20 Minuten garen

❍ Die Tomaten in fingerdicke Scheiben schneiden
❍ Würzen mit 1 Teel. Oregano und wenig Gemüseconsommé
❍ In 2 Eßl. Öl von beiden Seiten braten

❍ 400 g Zucchini in 1 cm dicke Scheiben schneiden
❍ Würzen mit wenig Gemüseconsommé und 1 Teel. Oregano
❍ In 1 Eßl. Öl von beiden Seiten kurz anbraten, abkühlen lassen
❍ Erst in Ei, dann in den Sesamkörnern wenden
❍ In 2 Eßl. Öl von beiden Seiten goldbraun braten

Extra-Tip

Dazu schmeckt Reis.

Trennkost-Tip

Dieses Gericht ist ohne Reis eine *Eiweißmahlzeit*.

Tofu

Tofuscheiben auf Basilikum-Tomaten

Zutaten

400 g Räuchertofu (feste Sorte)
4 Scheiben Landbrot
4 große, vollreife Fleischtomaten
1 große Zwiebel
2 Eßl. Sojasoße
30 g Brabu
60 g Butter
1 Stiel Basilikum
Gemüseconsommé
2 Msp. Paprikapulver scharf
2 Msp. Paprikapulver mild
Salz

Zubereitung

❍ Den Tofu in 1 cm dicke Scheiben schneiden
❍ Wenden in der Sojasoße und bestreuen mit Gemüseconsommé
❍ In der Brabu von beiden Seiten goldbraun braten
❍ Am Schluß die Paprikapulver vermischen und die Hälfte davon darüberstäuben
❍ Noch einmal kurz beidseitig braten

❍ Die Brotschnitten mit Butter bestreichen
❍ Die Tomaten in Scheiben schneiden
❍ Die Brote damit belegen
❍ Die Zwiebel in Ringe teilen
❍ Über die Tomatenscheiben dekorieren
❍ Würzen mit Salz und dem Rest des Paprikapulvers
❍ Die Basilikumblätter vom Stiel lösen und kleinzupfen
❍ Über die Tomatenscheiben streuen

❍ Die frisch gebratenen Tofuscheiben auf den Zwiebelringen anordnen
❍ Eventuell noch etwas Basilikum darüber zupfen

Extra-Tip

Noch herzhafter schmeckt das Tofu-Brot mit Rucola-Salatblättern, die unter die Tomatenscheiben dekoriert werden.

Trennkost-Tip

Dieses Gericht ist eine **Kohlenhydratmahlzeit**.

Tofu

Tofu

Tofu

Tofu-Zucchini-Dinkel-Auflauf

Zutaten

- 500 g Räuchertofu (weiche Sorte)
- 500 g Zucchini
- 250 g Dinkelnudeln
- 300 g weiße Champignons
- 100 g grüne gefüllte Oliven
- 2 Knoblauchzehen
- 1 kleiner Bund Frühlingszwiebeln
- 200 g Mozzarella
- 4 Eigelb
- 75 ml süße Sahne
- 75 g Crème fraîche
- 9 Eßl. Olivenöl
- 1 gehäufter Eßl. Vollkornsemmelbrösel (möglichst Dinkel)
- Gemüseconsommé
- 1 gestrichener Teel. Paprikapulver scharf
- 1 gestrichener Teel. Paprikapulver mild

Zubereitung

- ❍ Aus 1 1/2 l Wasser und 3 gestrichenen Eßl. Gemüseconsommé eine Brühe rühren
- ❍ Die Nudeln in die sprudelnd kochende Brühe geben
- ❍ 10 Minuten auf kleiner Flamme köcheln lassen, abtropfen

- ❍ Die Champignons in Scheiben schneiden
- ❍ In 2 Eßl. Öl kurz und scharf anbraten
- ❍ 300 g der Zucchini in Scheiben schneiden
- ❍ In 2 Eßl. Öl von beiden Seiten leicht anbraten
- ❍ Die Frühlingszwiebeln in Ringe schneiden
- ❍ In 2 Eßl. Öl hellbraun braten
- ❍ Die Knoblauchzehen durch eine Presse geben
- ❍ Am Schluß kurz mitbraten lassen
- ❍ Würzen mit Gemüseconsommé

- ❍ Den Mozzarella in kleine Würfel teilen
- ❍ 50 g der Oliven in Scheiben schneiden
- ❍ Die Nudeln, 100 g von den Mozzarellawürfeln, die Olivenscheiben, die Champignons, die Zucchinischeiben und die Hälfte der gebratenen Zwiebeln vermischen
- ❍ Alles würzen mit Gemüseconsommé und jeweils der Hälfte der beiden Paprikapulversorten
- ❍ Die Sahne dazurühren
- ❍ Eine Auflaufform mit 2 Eßl. Öl ausfetten
- ❍ Das Gemisch in die Auflaufform füllen

- ❍ Den Tofu mit einer Gabel zerdrücken
- ❍ Die restlichen 200 g Zucchini grob raspeln
- ❍ Diese kurz in 1 Eßl. Olivenöl von allen Seiten anbraten
- ❍ Die restlichen Mozzarellawürfel, das Eigelb und die restlichen Zwiebeln zu Tofu und Zucchini geben
- ❍ Die Crème fraîche und die Semmelbrösel einrühren
- ❍ Die restlichen 50 g Oliven fein hacken und ebenfalls dazugeben
- ❍ Die Farce mit dem restlichen Paprikapulver und Gemüseconsommé würzen
- ❍ Alles auf den Nudelauflauf streichen

Im Ofen bei 180° C 60 Minuten backen

Extra-Tip

Dazu paßt ein gemischter Salat mit Joghurt-Dill-Dressing. (Dressings ab Seite 224)

Trennkost-Tip

Dieses Gericht ist eine *Kohlenhydratmahlzeit*.

Tofu

Tofu

Zucchini-Tofupuffer mit Schnittlauchsoße

Zutaten

400 g Räuchertofu (weiche Sorte)

400 g Zucchini

400 g Kartoffeln (festkochend)

2 mittelgroße Zwiebeln

4 Eigelb

150 g Crème fraîche

90 g Brabu

1 leicht gehäufter Eßl. Weizenvollkornmehl

1 großer Bund Schnittlauch

Gemüseconsommé

Algen-Kräuter-Salz

weißer Pfeffer aus der Mühle

Zubereitung

○ Die Zucchini und die Kartoffeln grob raspeln
○ Den Tofu mit einer Gabel zerdrücken
○ Die Zwiebeln reiben
○ Alles zusammenmischen
○ Das Eigelb dazugeben
○ Würzen mit Gemüseconsommé, Pfeffer und Algen-Kräuter-Salz
○ 12 Puffer formen
○ In einer großen Pfanne 20 g Brabu erhitzen
○ Jeweils 4 flache Puffer in das Fett setzen und bei mittlerer Flamme von beiden Seiten goldbraun anbraten und auf kleiner Flamme garbraten
○ Für die nächsten Bratportionen wieder jeweils 20 g Brabu verwenden

○ 30 g Brabu in einem Topf erhitzen
○ Das Mehl mit einem Schneebesen einrühren, nur wenig Farbe nehmen lassen
○ Dann gleich mit 100 ml Wasser ablöschen und 10 Minuten bei kleinster Flamme köcheln lassen
○ Die Crème fraîche dazugeben
○ Kurz aufkochen
○ Würzen mit Gemüseconsommé, Würzsalz und Pfeffer
○ Vom Herd nehmen
○ Den Schnittlauch in kleine Röllchen teilen
○ Erst kurz vor dem Anrichten in die Soße rühren
○ Nicht mehr kochen

Extra-Tip

Dazu empfehle ich Gurkenschnetzelsalat in Sauerrahm mit Frühlingszwiebeln.

Trennkost-Tip

Dieses Gericht ist eine **Kohlenhydratmahlzeit**.

Tofu

Knoblauchtofu an Petersiliensahne

Zutaten

500 g Tofu natur (feste Sorte)

600 g kleine Kartoffeln (festkochend)

600 g Steinpilz-Champignons

2 mittelgroße Zwiebeln

4 Knoblauchzehen

4 Eigelb

150 ml süße Sahne

1 Eßl. Sojasoße

110 g Brabu

3 Eßl. Olivenöl

1 leicht gehäufter Eßl. fein gemahlenes Dinkel-Vollkornmehl

2 Eßl. Vollkornsemmelbrösel (möglichst Dinkel)

1 großer Bund Petersilie

Gemüseconsommé

1 gestrichener Teel. grobes Meersalz

weißer Pfeffer aus der Mühle

Zubereitung

Am Vortag
○ Tofu in ca. 1 cm dicke Scheiben schneiden
○ Die Petersilie fein hacken
○ Die Knoblauchzehen mit dem Salz auf einem Brett zerreiben
○ Eine Marinade bereiten aus dem Öl, der Hälfte des Knoblauchsalzes, 1 leicht gehäuften Teel. der Petersilie, der Sojasoße und etwas Pfeffer
○ Die Tofuscheiben darin wenden, den Rest darüberträufeln
○ Tofu in der Marinade zugedeckt kühl stellen
○ Rest des Knoblauchsalzes ebenfalls kühl stellen

Am Folgetag
○ Die Kartoffeln mit Schale in wenig Wasser garen
○ Pellen
○ Rundum mit Gemüseconsommé und etwas Pfeffer bestreuen
○ In 30 g Brabu von allen Seiten goldbraun braten

○ Die Tofuscheiben mit 2 verrührten Eigelb bestreichen
○ Die Semmelbrösel mit 1 gestrichenen Teel. Gemüseconsommé vermischen
○ Den Tofu darin wenden
○ In 20 g Brabu von beiden Seiten knusprig braten

○ Die Zwiebeln mittelfein würfeln
○ In 20 g Brabu hellbraun braten
○ Die Champignons in Scheiben schneiden
○ In 20 g Brabu anbraten
○ Das restliche Knoblauchsalz mitsamt den Champignonscheiben in die Zwiebelpfanne geben
○ Alles wenige Minuten durchbraten
○ Die Hälfte der verbliebenen Petersilie über die Champignons streuen

○ Für die Soße 20 g Brabu in einem Topf schmelzen
○ Das Dinkelmehl einrühren und leicht anbräunen
○ Mit der Sahne ablöschen und mit einem Schneebesen gut verrühren
○ Aufkochen lassen, vom Herd nehmen

○ Die restliche Petersilie im Mixer fein pürieren und unter die Champignons geben
○ Würzen mit Gemüseconsommé und Pfeffer

Extra-Tip

Dazu paßt ein Blattsalat mit Joghurt-Petersilie-Dressing. (Dressings ab Seite 224)

Trennkost-Tip

Dieses Gericht ist eine **Kohlenhydratmahlzeit**.

Tofu-Makkaroni-Salat

Zutaten

300 g Räuchertofu (feste Sorte)

250 g Makkaroni aus Hartweizengries

200 g weiße Champignons

1 große Zwiebel

2 gehäufte Eßl. Mayonnaise

2 gehäufte Eßl. Crème fraîche

150 g Joghurt

2 Eßl. Sojasoße

7 Eßl. Olivenöl

1 Bund Dill

Gemüseconsommé

weißer Pfeffer aus der Mühle

Zubereitung

○ Die Makkaroni in ca. 5 cm lange Stücke brechen
○ Wasser mit Gemüseconsommé würzen
○ Die Nudeln darin 10 Minuten garen
○ Abtropfen
○ Dann sofort 1 Eßl. Öl untermischen

○ Den Tofu in Würfel teilen
○ In der Sojasoße wenden

Tofu

❍ Mit Gemüseconsommé und Pfeffer würzen
❍ In 2 Eßl. Öl von allen Seiten goldbraun braten

❍ Die Zwiebel mittelfein würfeln und in 2 Eßl. Öl bräunen

❍ Die Champignons in Scheiben schneiden
❍ Mit Gemüseconsommé und Pfeffer würzen

❍ In 2 Eßl. Öl von beiden Seiten rasch anbraten

❍ Für das Dressing Crème fraîche, Mayonnaise und Joghurt zusammenrühren
❍ Würzen mit Gemüseconsommé und Pfeffer
❍ Dill mittelfein hacken
❍ Alle Zutaten behutsam vermischen

Extra-Tip

Dieser herzhaft-pikante Salat eignet sich als herrlich erfrischendes Sommergericht oder als pikanter Partysnack.

Trennkost-Tip

Dieses Gericht ist eine **Kohlenhydratmahlzeit**.

Tofu

Tofu

Tofu-Honigschnitten mit grünen Bohnen und Pellkartoffeln

Zutaten

500 g Räuchertofu (feste Sorte)

600 g grüne Prinzeß-Bohnen (ggf. Tiefkühl)

600 g kleine Kartoffeln (festkochend)

2 vollreife Fleischtomaten

1 große Zwiebel

1 Knoblauchzehe

2 Eßl. Sojasoße

2 Eßl. Honig

8 Eßl. Olivenöl

2 Zweige frisches Bohnenkraut (ggf. 1 gestrichener Eßl. getrocknet)

Gemüseconsommé

70 g Sesamkörner

Algen-Kräuter-Salz

weißer Pfeffer aus der Mühle

Zubereitung

○ Die Kartoffeln mit Schale in wenig Wasser garen
○ Pellen und mit Gemüseconsommé rundum würzen
○ In 2 Eßl. Öl von allen Seiten anbraten

○ Die Bohnen würzen mit Gemüseconsommé und Pfeffer und den abgezupften Blättern des Bohnenkrautes (oder dem getrockneten Bohnenkraut)
○ Garen in wenig Wasser, abtropfen

○ Die Zwiebel mittelfein würfeln
○ In 2 Eßl. Öl hellbraun braten
○ Die Knoblauchzehe durch eine Presse geben
○ Am Schluß kurz mitbraten
○ Die Tomaten häuten und klein würfeln
○ Mit den Zwiebeln kurz erhitzen (nicht kochen)
○ Würzen mit Algen-Kräuter-Salz und Pfeffer
○ Diese Soße über die Bohnen geben

○ Den Tofu in 1 cm dicke Scheiben schneiden
○ Beträufeln mit der Sojasoße, bestreuen mit Gemüseconsommé und etwas Pfeffer
○ Trocknen lassen
○ Den Honig leicht erwärmen
○ Die Tofuscheiben damit bestreichen
○ In den Sesamkörnern wenden
○ In 4 Eßl. Öl bei mittlerer Hitze die Scheiben von beiden Seiten goldbraun braten

Extra-Tip

Dazu schmeckt Tomatensalat mit Basilikum und Zwiebeln.

Trennkost-Tip

Dieses Gericht ist eine **Kohlenhydratmahlzeit**.

Tofu

Tofubällchen mit Zucchini und Kartoffeln

Zutaten

400 g Räuchertofu (weiche Sorte)

500 g Kartoffeln (festkochend)

1000 g Zucchini

100 g schwarze Oliven ohne Stein

150 g Mozzarella

3 Eigelb

70 g Vollkornsemmelbrösel (möglichst Dinkel)

1 Bund Frühlingszwiebeln

3 Knoblauchzehen

2 Eßl. Sojasoße

12 Eßl. Olivenöl

1 Bund glatte Petersilie

Gemüseconsommé

weißer Pfeffer aus der Mühle

Zubereitung

❍ 100 g von den Kartoffeln schälen und grob raspeln
❍ 200 g von den Zucchini grob raspeln
❍ Beides in 2 Eßl. Öl von allen Seiten anbraten
❍ 20 g Oliven fein hacken
❍ 1 Knoblauchzehe durch eine Presse geben
❍ Die Hälfte der Frühlingszwiebeln in sehr feine Ringe schneiden
❍ Diese in 1 Eßl. Öl kurz durchbraten
❍ Die durchgepreßte Knoblauchzehe am Schluß kurz mitbraten
❍ Die Petersilie grob hacken
❍ Den Tofu mit der Gabel zerdrücken

❍ Alle Zutaten vermischen mit der Hälfte der Petersilie, dem Eigelb, der Sojasoße und etwa der Hälfte der Semmelbrösel
❍ Würzen mit Gemüseconsommé und Pfeffer
❍ Kleine Bällchen formen
❍ Diese in den restlichen Semmelbröseln panieren
❍ In 4 Eßl. Öl von allen Seiten goldbraun braten

❍ Die restlichen 400 g Kartoffeln mit Schale kochen
❍ Pellen und in Würfel teilen
❍ Würzen mit Gemüseconsommé und Pfeffer
❍ Die restlichen Zwiebeln in Ringe schneiden
❍ Die restlichen Knoblauchzehen durch die Presse geben
❍ Die Kartoffeln mit den Zwiebelringen zusammen von allen Seiten in 3 Eßl. Öl leicht knusprig braten
❍ Am Schluß den Knoblauch kurz mitbraten lassen

❍ Die restlichen Zucchini in Längsscheiben schneiden
❍ Würzen mit Gemüseconsommé und Pfeffer
❍ In 2 Eßl. Öl von beiden Seiten anbraten

❍ Auf kleinster Flamme garen
❍ Zucchinischeiben in der Pfanne lassen
❍ Mozzarella in Scheiben teilen
❍ Auf die Zucchinischeiben legen
❍ Den Herd ausstellen
❍ Bei geschlossenem Deckel die Mozzarellascheiben schmelzen lassen

❍ Die restliche Petersilie vor dem Anrichten über Gemüse und Kartoffeln streuen

Extra-Tip

Dazu schmeckt Feldsalat mit Crème fraîche-Dressing. (Dressings ab Seite 224)

Trennkost-Tip

Dieses Gericht ist eine **Kohlenhydratmahlzeit**.

Tofu

Tofu

Tofu

Makkaroni-Gemüse-Gratin

Zutaten

400 g Tofu natur (feste Sorte)

300 g Makkaroni aus Hartweizengries

2 rote Paprikaschoten

2 grüne Paprikaschoten

200 g Austernpilze

1 Stangensellerie

2 mittelgroße Zwiebeln

2 Knoblauchzehen

200 g Rahmgouda (60 % iTr.)

3 Eigelb

125 ml süße Sahne

2 Eßl. Sojasoße

10 Eßl. Olivenöl

2 leicht gehäufte Teel. getrockneter Oregano

Gemüseconsommé

1 gestrichener Teel. Rosmarinpulver

2 Msp. Muskat

weißer Pfeffer

Salz

Extra-Tip

Dazu paßt ein Feldsalat mit gebratenen Champignons.

Trennkost-Tip

Dieses Gericht ist eine **Kohlenhydratmahlzeit**.

Zubereitung

○ Den Tofu in Würfel teilen
○ Wenden in der Sojasoße
○ Würzen mit Gemüseconsommé und Pfeffer
○ In 3 Eßl. Öl von allen Seiten knusprig braten

○ Die Zwiebeln fein würfeln
○ In 3 Eßl. Öl hellbraun braten
○ Die Knoblauchzehen durch eine Presse geben und am Schluß kurz mitbraten
○ Die Austernpilze in Streifen schneiden
○ Würzen mit Gemüseconsommé und Pfeffer und dem Rosmarinpulver
○ Die Austernpilz-Streifen von allen Seiten kurz anbraten und in die Zwiebeln mischen

○ Den Sellerie in dünne Scheiben, die Paprikaschoten in Streifen schneiden
○ Beides zusammen in 2 Eßl. Öl von allen Seiten anbraten

○ Die Makkaroni in Salzwasser ca. 10 Minuten garen
○ Abtropfen
○ Eine Auflaufform mit 2 Eßl. Öl ausfetten
○ Tofu, die Zwiebel-Pilz-Pfanne und die Makkaroni vermischen und einfüllen

○ Die Sahne mit dem Eigelb verrühren
○ Würzen mit Oregano, Gemüseconsommé und Pfeffer
○ Über die Mischung gießen
○ Den Gouda (gut gekühlt) grob raspeln
○ Darüberstreuen
Alles im Backofen bei 200° C 15 Minuten gratinieren lassen

Tofu

Reis-Tofu-Snack

Zutaten

400 g Räuchertofu (weiche Sorte)

6 Eßl. Vollkornsemmelbrösel (möglichst Dinkel)

2 rote Paprikaschoten

300 g Blumenkohlröschen

1 große Zwiebel

250 g Naturreis

4 Eigelb

2 Eßl. Sojasoße

10 Eßl. Olivenöl

1 gestr. Eßl. Kräuter der Provence

Gemüseconsommé

weißer Pfeffer

Zubereitung

○ Tofu grob zerdrücken
○ Vermischen mit Eigelb
○ Reis mit Wasser 2-fingerbreit bedecken
○ Würzen mit Gemüseconsommé
○ Auf kleinster Flamme köcheln lassen, bis das Wasser gänzlich aufgebraucht ist
○ Blumenkohl in wenig Wasser garen
○ Abtropfen, zerdrücken
○ Paprika in feine Würfel schneiden
○ In 1 Eßl. Olivenöl von allen Seiten anbraten
○ Die Zwiebel mittelfein würfeln
○ In einem Eßl. Öl goldbraun braten
○ Tofu, Reis, Blumenkohl, Paprika und Zwiebeln mit allen Gewürzen vermischen
○ Mit 2 Eßl. Semmelbröseln verkneten
○ Große, flache Bratlinge formen
○ In den restlichen Semmelbröseln wenden
○ In jeweils wenig Öl von beiden Seiten knusprig braten

Extra-Tip

Dazu schmeckt Kopfsalat mit Buttermilch-Schnittlauch Dressing.
(Dressings ab Seite 224)

Trennkost-Tip

Dieses Gericht ist eine **Kohlenhydratmahlzeit.**

Tofu

Tofuberger Klopse

Zutaten

250 g Räuchertofu (weiche Sorte)

250 g Blumenkohlröschen

1 mittelgroße Zwiebel

3 Eigelb

170 g Crème fraîche

50 g Vollkornsemmelbrösel (möglichst Dinkel)

30 g Weizenmehl

100 ml Brottrunk

2 Eßl. Sojasoße

50 g Brabu

1 Gläschen Kapern

Gemüseconsommé

weißer Pfeffer

Zubereitung

○ Den Tofu fein zerdrücken
○ Die Zwiebel fein würfeln und in 20 g Brabu hellbraun braten
○ Die Blumenkohlröschen in wenig Wasser garen, abtropfen und zerdrücken
○ Den Tofu, die Zwiebelwürfel, den Blumenkohl, das Eigelb und das Semmelmehl miteinander verkneten
○ Die Hälfte der Kapern grob hacken und dazugeben
○ Alles würzen mit Sojasoße, Gemüseconsommé und Pfeffer
○ Klopse formen
○ 30 g Brabu in einem Topf schmelzen lassen
○ Das Mehl rasch einrühren und leicht Farbe nehmen lassen
○ Mit dem Brottrunk und etwas Wasser zu einer dicken Soße aufkochen
○ Die Crème fraîche und die restlichen Kapern unterrühren
○ Würzen mit Gemüseconsommé und Pfeffer
○ Die Klopse hineinheben und leicht kochend 10 Minuten ziehen lassen

Extra-Tip

Dazu schmeckt vollwertiger Naturreis sehr gut. Auch Salzkartoffeln sind eine schöne Ergänzung. Als Salatbeilage empfehle ich Kopfsalat mit Crème fraîche-Schnittlauch Dressing.
(Dressings ab Seite 224)

Trennkost-Tip

Dieses Gericht ist eine **Kohlenhydratmahlzeit**

Tofu

Tofuwürfel mit Glasnudeln, Brokkoli und Kürbis

Zutaten

400 g Räuchertofu (feste Sorte)

400 g Hokaidokürbis

400 g Brokkoli

50 g Glasnudeln

2 große vollreife Tomaten

1 mittelgroße Zwiebel

3 Eßl. Sojasoße

50 g Brabu

Gemüseconsommé

1 leicht gehäufter Eßl. Oregano

weißer Pfeffer

Zubereitung

○ Den geputzten, ungeschälten Kürbis in sprudelnd kochendes Wasser setzen
○ 3 Minuten kochen lassen
○ Halbieren und das Kerngehäuse entfernen
○ In Würfel teilen
○ Diese würzen mit Gemüseconsommé und Pfeffer
○ In 30 g Brabu von allen Seiten leicht braun braten

○ Den Tofu in Würfel teilen
○ Wenden in der Sojasoße
○ Würzen mit Oregano, Gemüseconsommé und Pfeffer
○ Von allen Seiten in 20 g Brabu knusprig braten

○ Die Nudeln in sprudelnd kochendes Wasser geben
○ Würzen mit Gemüseconsommé
○ 3 Minuten köcheln lassen
○ Abtropfen und mit eiskaltem Wasser kurz abschrecken
○ In ein Sieb geben

○ Den Brokkoli in Röschen teilen
○ Würzen mit Gemüseconsommé und Pfeffer
○ In wenig Wasser garen
○ Abtropfen
○ Die Tomaten häuten, würfeln

○ Alles miteinander vermischen
○ Das Gericht kurz erhitzen, nicht mehr garen

Extra-Tip

Mozzarellawürfel kurz vor dem Servieren untergemischt schmecken ebenfalls supertoll.

Trennkost-Tip

Dieses Gericht ist eine **Kohlenhydratmahlzeit**.

Tofu

Tofu

Tofu

Camembert-Tofu mit amerikanischem Krautsalat

Zutaten

- 400 g Räuchertofu (feste Sorte)
- 400 g Camembert (60 % Fett i.Tr.)
- 1/4 Weißkohl, sehr fest
- 2 mittelgroße Karotten
- 4 rote säuerliche Äpfel z.B. Cox orange
- 6 Schalotten
- 4 Knoblauchzehen
- 50 g Rosinen
- 150 g Crème fraîche
- 150 g Joghurt
- 2 leicht gehäufte Eßl. Mayonnaise
- 2 Eßl. Sojasoße
- 2 Eßl. Olivenöl
- Gemüseconsommé
- schwarzer Pfeffer
- weißer Pfeffer

Zubereitung

Den Salat am Vortag anmachen
Zugedeckt im Kühlschrank ziehen lassen

○ Aus Crème fraîche, dem Joghurt und der Mayonnaise ein Dressing rühren
○ Würzen mit Gemüseconsommé und weißem Pfeffer
○ Die Äpfel mitsamt der Schale würfeln
○ Gleich einrühren, damit sie nicht braun werden
○ Die Karotten raspeln
○ Den Weißkohl in ganz feine Streifen schneiden
○ Alles vermischen
○ Abschmecken

○ Den Tofu würfeln und in der Sojasoße wenden
○ Würzen mit Gemüseconsommé und Pfeffer
○ Etwa 10 Minuten ziehen lassen
○ Von allen Seiten in dem Olivenöl goldbraun braten

○ Die Schalotten fein würfeln
○ Die Knoblauchzehen durch eine Presse geben und dazumischen
○ Den Camembert in Stücke schneiden und auf einem Rechaud schmelzen lassen (geht notfalls auch in einem Edelstahlkochtopf)
○ Die Schalotten und den Knoblauch roh einrühren
○ Würzen mit Pfeffer
○ Alles über die noch heißen Tofuwürfel geben

Extra-Tip

Eignet sich ideal als Partysnack.
Dazu empfehle ich Baguette!

Trennkost-Tip

Dieses Gericht ist ohne Baguette eine *Eiweißmahlzeit.*

Tofu

Tofu

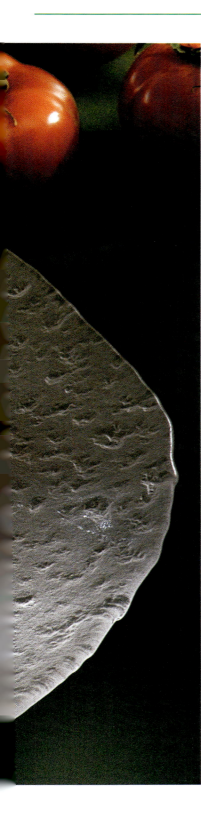

Spaghetti mit roher Tomatensoße und Tofuwürfeln

Zutaten

200 g Räuchertofu (feste Sorte)

500 g Spaghetti aus Hartweizengries

4 große vollreife Fleischtomaten

etwa 20 grüne gefüllte Oliven

2 Knoblauchzehen

100 g Schafskäse

1 Eßl. Sojasoße

8 Eßl. Olivenöl

2 Zweige Basilikum

Gemüseconsommé

weißer Pfeffer

Salz

Zubereitung

Am Vortag
○ Tofu in ca. 1 cm dicke Scheiben schneiden
○ Eine Marinade bereiten aus 8 Eßl. Öl, 1 Zweig Basilikum kleingezupft, Gemüseconsommé, Pfeffer, und der Sojasoße
○ Die Tofuscheiben darin wenden, den Rest darüberträufeln
○ Tofu in der Marinade zugedeckt kühl stellen

Am Folgetag
○ Tofu aus der Marinade nehmen, diese zur Seite stellen
○ Mit Gemüseconsommé bestreuen
○ Von allen Seiten ohne zusätzliches Öl goldbraun braten
○ Warm stellen

○ Tomaten abziehen, grob zerdrücken
○ Tomatenwasser abtropfen lassen
○ Das Marinadenöl untermischen
○ Die Blätter von dem restlichen Basilikumzweig kleinzupfen, dazugeben
○ Den Knoblauch durch eine Presse geben
○ Die Oliven in Scheiben schneiden
○ Alles zusammenrühren
○ Würzen mit Gemüseconsommé und Pfeffer

○ Die Spaghetti in sprudelndes Salzwasser geben
○ Je nach Geschmack 8-10 Minuten sieden lassen
○ Wenige Tropfen Öl in das Spaghettiwasser geben, um ein Zusammenkleben zu verhindern
○ Die Spaghetti abtropfen

○ Die gebratenen Tofuwürfel unterheben

○ Direkt vor dem Anrichten die kalte Tomatensoße unter die heißen Spaghetti mischen

Extra-Tip

Dazu paßt ein Rucola-Salat in Joghurt-Dressing. (Dressings ab Seite 224)

Trennkost-Tip

Dieses Gericht ist eine **Kohlenhydratmahlzeit**.

Tofu

Piroggen mit Tofu-Schafskäse und Pilzfüllung

Zutaten

- 300 g Räuchertofu (feste Sorte)
- 250 g Mehl
- 300 g Champignons
- 3 große Zwiebeln
- 200 g Schafskäse
- 10 Eigelb
- 150 g Crème fraîche
- 2 Eßl. Sojasoße
- 125 g Butter
- 6 Eßl. Olivenöl
- 1 gestrichener Teel. Rosmarinpulver
- 1 leicht gehäufter Teel. Kräuter der Provence
- Gemüseconsommé
- Salz
- weißer Pfeffer

Zubereitung

○ Das gesiebte Mehl mit der weichen (nicht geschmolzenen) Butter, einem 1/2 Teel. Salz, 2 Eigelb und 2 Eßl. Wasser sehr gut durchkneten
○ Teig in Folie wickeln und 1 Stunde im Kühlschrank ruhen lassen

○ Den Tofu sehr fein würfeln
○ Wenden in 1 Eßl. Sojasoße
○ Würzen mit Gemüseconsommé und Pfeffer
○ Von allen Seiten in 2 Eßl. Olivenöl goldbraun braten
○ Den Schafskäse zerdrücken
○ Die Zwiebeln fein würfeln
○ Diese in 2 Eßl. Öl goldbraun braten
○ Die Champignons fein würfeln
○ Diese in 2 Eßl. Öl gut durchbraten
○ Alles zusammenmischen
○ 4 Eigelb sowie die Crème fraîche hinzugeben
○ Würzen mit der restlichen Sojasoße, Gemüseconsommé, Pfeffer, dem Rosmarinpulver und den Kräutern der Provence

○ Den Teig in zwei Hälften teilen
○ Jeweils zu zwei ovalen Platten ausrollen
○ Auf eine der Platten die Tofu-Pilz-Füllung geben
○ Die zweite Platte darüberschlagen
○ 2 Eigelb verrühren und den Rand der unteren Platte damit bestreichen
○ Diesen über den oberen Teigrand schlagen und festdrücken
○ Die restlichen 2 Eigelb mit 1 Eßl. Wasser verquirlen und die gesamte Pirogge damit bestreichen

Im Ofen bei 200° C 60 Minuten backen

Extra-Tip

Dieses Rezept ergibt einen leckeren Partysnack. Dazu empfehle ich Salatherzen mit Crème fraîche-Schnittlauch Dressing.
(Dressings ab Seite 224

Trennkost-Tip

Dieses Gericht ist eine **Kohlenhydratmahlzeit**.

Tofu

Tofu

Tofu

Paprika-Reis-Tofu-Auflauf

Zutaten

500 g Räuchertofu (weiche Sorte)

200 g Naturreis

250 g grüne Paprikaschoten

250 g rote Paprikaschoten

1 große Zwiebel

250 g Wörishofener Käse (60 % Fett i.Tr.)

6 Eigelb

300 ml süße Sahne

6 Eßl. Olivenöl

2 gehäufter Eßl. Vollkorn-semmelbrösel (möglichst Dinkel)

Gemüseconsommé

1 gestrichener Teel. Paprikapulver scharf

1 gestrichener Eßl. Paprikapulver mild

Zubereitung

○ Reis mit Wasser 2-fingerbreit bedecken
○ Würzen mit Gemüseconsommé
○ Auf kleinster Flamme köcheln lassen, bis das Wasser gänzlich aufgebraucht ist
○ Vom Herd nehmen und mit geschlossenem Deckel noch ca. 20 Minuten nachgaren

○ Die Paprikaschoten jeweils in ca. 4 cm große Quadrate schneiden
○ Separat in jeweils 2 Eßl. Öl von beiden Seiten kurz anbraten
○ Würzen mit Gemüse-consommé
○ Die Sahne mit dem Eigelb mischen
○ 100 g gut gekühlten Käse grob raspeln, hinzugeben
○ Mit Gemüseconsommé und je der Hälfte der beiden Paprikapulver würzen

○ Die Auflaufform mit 2 Eßl. Öl fetten
○ Eine Reishälfte einfüllen, roten Paprika darüberschichten
○ Mit dem Reisrest bedecken
○ Grünen Paprika darübergeben
○ 2/3 der Sahnemischung über den Auflauf gießen
○ Diesen mit einer Gabel etwas lockern, damit die Sahne die Schichten gut durchdringen kann

○ Den Tofu mit einer Gabel grob zerdrücken
○ Den Rest der Käse-Sahne und die Semmelbrösel dazugeben
○ Würzen mit Gemüse-consommé und dem restlichen Paprikapulver
○ Alles über den Auflauf streichen
○ 150 g Käse in Scheiben darüberlegen

Im Ofen bei 180° C 45 Minuten backen

Extra-Tip

Dazu schmeckt Rucola-Salat mit Sahne-Dressing. (Dressings ab Seite 224)

Trennkost-Tip

Dieses Gericht ist eine **Kohlenhydratmahlzeit**.

Tofu

Tofu-Waldorfsalat

Zutaten

- 300 g Räuchertofu (feste Sorte)
- 1/2 kleine Ananas
- 300 g Sellerieknolle
- 50 g Walnußkerne
- 1 mittelgroße Zwiebel
- 75 g Joghurt
- 75 g Schmand
- 2 leicht gehäufte Eßl. Mayonnaise
- 4 Eßl. Sesamöl (ersatzweise Sonnenblumenöl)
- Gemüseconsommé
- weißer Pfeffer

Zubereitung

- Den Tofu würfeln
- Würzen mit Gemüseconsommé und Pfeffer
- In 2 Eßl. Öl von allen Seiten goldbraun braten
- Die Sellerieknolle würfeln
- Würzen mit Gemüseconsommé
- In wenig Wasser garen
- Abtropfen
- In 2 Eßl. Öl von allen Seiten hellbraun braten

- Die Zwiebel fein reiben
- Die Ananas in Würfel teilen
- Aus Joghurt und Mayonnaise ein Dressing rühren
- Würzen mit Gemüseconsommé und Pfeffer
- Die geriebene Zwiebel einrühren
- Tofu, Sellerie und Ananas unterheben
- 3/4 der Walnußkerne grob hacken und dazugeben
- Die restlichen Walnußhälften zum Dekorieren verwenden

Extra-Tip

Dieser sättigende und gesunde Salat gelingt auch hervorragend, wenn die rohe Sellerieknolle grob geschnetzelt wird. Er eignet sich dann besonders als Partysnack.

Trennkost-Tip

Dieses Gericht ist eine *Eiweißmahlzeit*.

Tofu

Tofu

Tofu-Kräuteraufstrich

Zutaten

300 g Räuchertofu (weiche Sorte)

1 Eßl. Sojasoße

2 gestrichene Eßl. Kräuter der Provence

Gemüseconsommé

weißer Pfeffer

Zubereitung

○ Den Tofu zerdrücken
○ Alle Zutaten untermischen
○ In ein Schraubglas geben
○ Fest einschichten

Im Kühlschrank einige Tage haltbar

Trennkost-Tip

Dieser Aufstrich ist **neutral,** mit Brot jedoch eine **Kohlenhydratmahlzeit.**

Tofu-Schnittlauch-Creme

Zutaten

300 g Räuchertofu (weiche Sorte)

1/2 Eßl. Sojasoße

1 Eßl. Sesamöl

1 Bund Schnittlauch

Gemüseconsommé

Salz

weißer Pfeffer

Zubereitung

○ Den Tofu zerdrücken
○ Die Zutaten untermischen
○ In ein Schraubglas geben
○ Fest einschichten

Im Kühlschrank einige Tage haltbar

Trennkost-Tip

Dieser Aufstrich ist **neutral,** mit Brot jedoch eine **Kohlenhydratmahlzeit.**

Tofu-Tomatenaufstrich

Zutaten

300 g Tofu natur (weiche Sorte)

1 gestrichener Eßl. Tomatenmark

1/2 Eßl. Sojasoße

1 Eßl. Sesamöl

1 Eßl. getrocknetes Basilikum

Gemüseconsommé

1 Msp. Paprikapulver scharf

1 Msp. Paprikapulver mild

Zubereitung

○ Den Tofu zerdrücken
○ Alle Zutaten untermischen
○ In ein Schraubglas geben
○ Fest einschichten

Im Kühlschrank einige Tage haltbar
Schmeckt auch prima als Dip für rohes Gemüse

Trennkost-Tip

Dieser Aufstrich ist **neutral,** mit Brot jedoch eine **Kohlenhydratmahlzeit.**

Tofu

Tofu-Champignon-Creme

Zutaten

300 g Räuchertofu (weiche Sorte)

100 g Steinpilz-Champignons

2 Frühlingszwiebeln

1 kleine Knoblauchzehe

1 Eßl. Olivenöl

1 Eßl. Sojasoße

Gemüseconsommé

weißer Pfeffer

Zubereitung

○ Den Tofu zerdrücken
○ Die Zwiebeln in feine Ringe schneiden
○ Diese in dem Öl hellbraun braten
○ Die Knoblauchzehe durch eine Presse geben
○ Die Champignons grob hacken
○ Champignons und Knoblauch am Schluß kurz mit den Zwiebeln braten

○ Alle Zutaten vermischen
○ In ein Schraubglas geben
○ Fest einschichten

Im Kühlschrank einige Tage haltbar

Trennkost-Tip

Dieser Aufstrich ist **neutral**, mit Brot jedoch eine **Kohlenhydratmahlzeit**.

Tofu-Paprika-Aufstrich

Zutaten

300 g Räuchertofu (weiche Sorte)

1 kleine Chilischote, gehackt

1/2 Eßl. Sojasoße

1 Eßl. Sesamöl

Gemüseconsommé

1/2 rote Paprikaschote, gehackt

1/2 grüne Paprikaschote, gehackt

Zubereitung

○ Den Tofu zerdrücken
○ Alle Zutaten untermischen
○ In ein Schraubglas geben
○ Fest einschichten

Im Kühlschrank einige Tage haltbar

Trennkost-Tip

Dieser Aufstrich ist **neutral**, mit Brot jedoch eine **Kohlenhydratmahlzeit**.

Tofu

Tofu

Tofu-Sesam-Brotaufstrich

Zutaten

200 g Tofu natur (feste Sorte)

200 g Sesamkörner

1 Eßl. Sojasoße

20 g Brabu

Gemüseconsommé

weißer Pfeffer

Zubereitung

○ Tofu in Würfel teilen
○ Wenden in der Sojasoße
○ Würzen mit Gemüseconsommé und Pfeffer
○ In der Brabu von allen Seiten goldbraun braten

○ Eine andere Pfanne erhitzen
○ Die Sesamkörner ohne Fett unter ständigem Wenden anrösten
○ Würzen mit etwas Gemüseconsommé
○ Mit den Tofuwürfeln zusammenmischen

Schmeckt wunderbar noch warm auf mit Butter bestrichenem Vollkornbrot

Extra-Tip

Dieser Brotaufstrich mundet auch kalt und läßt sich gut in einem Schraubglas im Kühlschrank aufbewahren.

Trennkost-Tip

Dieser Aufstrich ist *neutral,* mit Brot eine *Kohlenhydratmahlzeit.*

Tofu-Griebenschmalz

Zutaten

50 g Räuchertofu (feste Sorte)

1 mittelgroßer Apfel

1 mittelgroße Zwiebel

1 Teel. Sojasoße

50 g Kakaobutter (Lebensmittelqualität)

200 ml Distelöl

3 Lorbeerblätter

1 gestrichener Teel. Wacholderbeeren

1 gestrichener Teel. Majoran (getrocknet)

10 Körner Piment

10 Pfefferkörner

1 Msp. Thymian (getrocknet)

Gemüseconsommé

weißer Pfeffer aus der Mühle

Zubereitung

○ 3 Eßl. von dem Öl zur Seite stellen
○ Das Distelöl auf kleiner Flamme erwärmen (nicht erhitzen)
○ Die Kakaobutter darin schmelzen lassen
○ Vom Herd nehmen
○ Die Zwiebel fein würfeln
○ In 2 Eßl. von dem zur Seite gestellten Öl goldbraun braten
○ Den Apfel schälen, in Würfel schneiden
○ Apfel- und Zwiebelwürfel so lange auf kleinster Flamme bei geschlossenem Deckel dünsten, bis sie beginnen zu zerfallen
○ Mit einer Gabel zerdrükken
○ Alles in das Öl-Kakaobutter-Gemisch rühren
○ Den Tofu in winzige Würfel teilen
○ Diese in der Sojasoße wenden
○ Würzen mit Gemüseconsommé und Pfeffer
○ In dem restlichen Eßl. Öl von allen Seiten kurz knusprig braten
○ Unter das Schmalz rühren
○ Wacholderbeeren, Majoran, Thymian sowie Lorbeerblätter, Piment und die Pfefferkörner hinzugeben. Die Gewürze und Beeren bleiben im Topf, bis er geleert ist.

Extra-Tip

Es ist ratsam, das Schmalz abends zuzubereiten. Am Vormittag des Folgetages erst beginnt es fest zu werden. Es sollte während dieses Verbindungsprozesses mehrfach gerührt werden. Tofu darf nur kurz braten, da er sonst hart wird

Trennkost-Tip

Dieses Schmalz ist trotz der geringen Apfelmenge *neutral,* mit Brot eine *Kohlenhydratmahlzeit.*

Tofu

Tofu-Fleischsalat

Zutaten

250 g Räuchertofu (feste Sorte)

1 mittelgroße Zwiebel

3 mittelgroße Salzdillgurken

1 leicht gehäufter Eßl. Mayonnaise

1 gehäufter Eßl. Crème fraîche

2 gehäufte Eßl. Joghurt 3,5 %

Gemüseconsommé

weißer Pfeffer

Zubereitung

○ Den Tofu in schmale Stifte schneiden
○ Würzen mit Gemüseconsommé und Pfeffer
○ Die Zwiebel fein würfeln
○ Die Salzdillgurken mittelfein würfeln
○ Alles mit der Mayonnaise, dem Joghurt und der Crème fraîche vermischen
○ Unter die Tofu-Stifte heben
○ Abschmecken mit Gemüseconsommé und Pfeffer

Extra-Tip

Dazu schmecken alle Brotsorten, auch Baguette. Besonders fein wird der "Fleisch"-salat, wenn weiße Champignons gehackt, gebraten und untergerührt werden.

Trennkost-Tip

Dieses Gericht ist ohne Brot eine **neutrale Mahlzeit**.

Tofu

Soja-Hack

Soja-Hack

Von Natur aus nahezu geschmacksneutral eignet sich diese Soja-Variante für all jene würzigen oder scharfen Zubereitungen, die besonders köstlich munden, wenn sie knusprig gebraten sind:

- Als Bouletten oder Bratlinge
- In Bohneneintöpfen wie Chili con "carne"
- Als Soße zu Spaghetti und anderen Nudeln
- Mit Käsesorten als herzhafte Variante
- In Aufläufen oder Gratins
- Für Füllungen im Verein mit den unterschiedlichsten Gemüsen
- Mit Zwiebeln oder mit Pilzen zu phantasievollen Menüs

Mit diesem dunkel gemalzten Soja-Hack läßt sich die Illusion von dem "Gehackten" aus Rindfleisch täuschend präsentieren.
Ein Teller solcher gut gewürzter Bouletten aus Hack dürfte der Renner auf jeder Party sein.
Wenn keine "Aufklärung" erfolgt, kommen die Gäste wohl kaum auf die Idee, soeben "Fleisch" genossen zu haben, das (nur) vom Felde geerntet wurde.
Wer ein wenig Kochphantasie mitbringt, findet hier eine echte Alternative zu nahezu allen Rezepten, die bislang nur aus Fleisch hergestellt werden konnten.

Mit Soja-Hack sind tatsächlich viele der Gerichte zu verwirklichen, nach denen dem Genießer der Sinn steht.
Bei der Zubereitung sind nur wenige Finessen zu beachten.
Aber dann – voila!

Wichtiger Zubereitungs-Tip

Das gesplitterte Granulat wird wie Hackfleisch zubereitet. Dabei kann man es jederzeit vorrätig haben. Vor der Zubereitung wird es mit kochend heißem Wasser übergossen. Dann etwa 30 Minuten quellen lassen. Besonders würzig wird das Hack, wenn es in einem Gemüseconsommé-Fond gequollen wird. Danach den geraspelten oder zerdrückten Käse bzw. die Gemüsesorten als Konsistenzgeber gleich untermischen.
Sojasoße und beliebige Kräuter bringen den Fleischgeschmack und verfeinern das Aroma.
Die fertige Farce läßt sich problemlos portionsweise einfrieren und bei Bedarf kurzfristig auf den Tisch bringen und zu Bratlingen, Füllungen, Soßen etc. verarbeiten.

Soja-Hack

Soja-Hack

Hackfladen mit Kürbisgratin

Zutaten

100 g Soja-Hack

1 Hokaidokürbis (ca.1 kg)

100 g Blumenkohlröschen

8 Schalotten

200 g mittelalter Gouda

4 Eigelb

1 Ei

200 ml süße Sahne

80 g Brabu

1 großer Bund Petersilie

Gemüseconsommé

1 Msp. Muskat

weißer Pfeffer

Zubereitung

❍ Den geputzten, ungeschälten Kürbis in sprudelnd kochendes Wasser setzen
❍ 5 Minuten leicht köcheln lassen
❍ Halbieren, das Kerngehäuse entfernen
❍ In dünne Scheiben schneiden
❍ Würzen mit dem Muskat, Gemüseconsommé und Pfeffer

❍ Die Schalotten fein würfeln
❍ In 20 g Brabu hellbraun braten
❍ Die Hälfte davon unter die Kürbisscheiben mischen

❍ Eine Auflaufform mit 20 g Brabu einfetten
❍ Den Zwiebel-Kürbis einschichten
❍ Die Sahne mit dem Eigelb vermischen

❍ Die Petersilie grob hacken
❍ 2/3 davon in das Sahnegemisch einrühren
❍ Würzen mit Gemüseconsommé und Pfeffer
❍ Die Sahne über den Kürbis streichen
❍ Den gut gekühlten Käse raspeln
❍ 100 g davon über das Gratin streuen
*Im Ofen bei 220° C
30 Minuten backen*

❍ Das Hack mit 200 ml kochend heißem Wasser übergießen
❍ 30 Minuten quellen lassen
❍ Mischen mit dem restlichen Käse, den restlichen gebratenen Zwiebeln und dem ganzen Ei
❍ Den Blumenkohl in wenig Wasser garen
❍ Gut abtropfen, grob zerdrücken und dazugeben
❍ Alles würzen mit Gemüseconsommé und Pfeffer
❍ Die restliche Petersilie unterheben
❍ Große Fladen in 40 g Brabu von beiden Seiten knusprig braten

Extra-Tip

Dazu schmeckt ein Endiviensalat mit Sauerrahm-Dressing mit Balsamico.
(Dressings ab Seite 224)

Trennkost-Tip

Dieses Gericht ist eine *Eiweißmahlzeit*.

Soja-Hack

Chili con "Carne"

Zutaten

- 100 g Soja-Hack
- 100 g Azukibohnen
- 1 rote Paprikaschote
- 1 grüne Paprikaschote
- 1 große Zwiebel
- 1 Knoblauchzehe
- 1 kleine Dose geschälte Tomaten
- 2 Eßl. Sojasoße
- 3 Eßl. Olivenöl
- 2 Eßl. gehackte Petersilie
- 1 Teel. Kreuzkümmel
- 1 Teel. Algen-Kräuter-Salz
- 1 Eßl. Chilipulver
- Gemüseconsommé

Zubereitung

Am Vortag
Die Azukibohnen in 1 l kaltes Wasser kühlstellen und über Nacht quellen lassen

Am Folgetag
○ Azukibohnen im Quellwasser 1 Stunde garen

○ Das Soja-Hack mit 200 ml kochendem Wasser übergießen
○ 30 Minuten quellen lassen
○ Die Zwiebel klein würfeln
○ Die Knoblauchzehe durch eine Presse geben
○ Zwiebel und Knoblauch unter das Hack heben und 20 Minuten ziehen lassen
○ Die Sojasoße hinzugeben

○ Alles in dem Öl anbraten
○ Würzen mit Gemüseconsommé, Kreuzkümmel, Algen-Kräuter-Salz und Chilipulver
○ Die Paprika in große Stücke schneiden
○ Mit den Tomaten zu dem Hack geben
○ Azukibohnen zu dem Hack-Gemisch geben und 20 Minuten schwach köcheln

Extra-Tip

Das Chili (ohne Spätzle) eignet sich besonders gut als Party-Topf, da es sich gut vorbereiten läßt. Erst kurz vor dem Verzehr wird es erhitzt. Dazu kann auch Baguette gereicht werden. Die Kichermehl-Spätzle (Rezept siehe Seite 195) schmecken famos, wenn sie leicht knusprig angebraten werden.

Trennkost-Tip

Dieses Gericht ist ohne Baguette eine *Eiweißmahlzeit*.

Soja-Hack

Soja-Hack

Soja-Hack-Czevabcici mit Schafskäse und Weißkohl

Zutaten

100 g Soja-Hack

700 g Weißkohl

400 g rote Paprikaschoten

2 große Zwiebeln

400 g Schafskäse

50 g Sesamkörner

2 kleine Eier

75 g Schmand

12 Eßl. Olivenöl

Kräuter der Provence

Gemüseconsommé

1 gestrichener Teel. Paprikapulver mild

1 gestrichener Teel. Paprikapulver scharf

weißer Pfeffer

Zubereitung

○ Das Hack mit 200 ml kochendem Wasser übergießen
○ 30 Minuten quellen lassen
○ 100 g Schafskäse zerdrücken, untermischen
○ Die Zwiebeln grob würfeln
○ In 2 Eßl. Olivenöl goldgelb braten
○ Die Eier verquirlen und einarbeiten
○ 150 g von dem inneren Teil des Weißkrauts grob raspeln
○ In 3 Eßl. Öl von allen Seiten gut durchbraten
○ Dem Hack hinzufügen
○ Würzen mit Gemüseconsommé, Pfeffer, Kräutern der Provence und der Hälfte der beiden Sorten des Paprikapulvers

○ Längliche, eckige Bratlinge formen
○ Von allen Seiten in 4 Eßl. Olivenöl knusprig braten

○ Die Weißkohlblätter und die Paprikaschoten in Quadrate schneiden
○ Würzen mit Gemüseconsommé und dem restlichen Paprikapulver
○ In wenig Wasser garen, abtropfen
○ Schmand einrühren

○ Den restlichen Schafskäse in 4 Blöcke schneiden
○ Mit etwas Pfeffer würzen
○ Wenden in den Sesamkörnern, die fest angedrückt werden
○ In 3 Eßl. Öl von beiden Seiten auf mittlerer Hitze goldbraun backen

Extra-Tip

Dazu schmeckt Tomatensalat mit Zwiebeln.

Trennkost-Tip

Dieses Gericht ist eine *Eiweißmahlzeit*.

Soja-Hack

Soja-Hack

Schafskäse-Hacklinge mit Rosenkohl

Zutaten

100 g Soja-Hack

1000 g kleine Rosenkohlröschen (evtl. Tiefkühl)

2 mittelgroße Zwiebeln

4 Knoblauchzehen

300 g Schafskäse

2 Eier

2 Eßl. Sojasoße

8 Eßl. Olivenöl

1 leicht gehäufter Eßl. Kräuter der Provence

Gemüseconsommé

schwarzer Pfeffer aus der Mühle

Zubereitung

○ Den Rosenkohl mit Gemüseconsommé und Pfeffer würzen
○ In wenig Wasser garen und abtropfen lassen
○ In 2 Eßl. Öl hellbraun braten
○ 200 g Rosenkohl zur Seite stellen
○ Den restlichen Rosenkohl in die Pfanne geben und von allen Seiten anbraten
○ 2 Knoblauchzehen durch eine Presse geben und am Schluß mitbraten

○ Das Hack mit 200 ml kochend heißem Wasser übergießen
○ 30 Minuten quellen lassen
○ 100 g von dem Schafskäse mit der Gabel fein zerdrücken
○ Die restlichen 200 g Rosenkohl grob pürieren
○ Die Zwiebeln in feine Würfel schneiden und in 2 Eßl. Öl hellbraun braten
○ Die restlichen 2 Knoblauchzehen durch eine Presse geben
○ Diese am Schluß mitbraten
○ Alles vermischen
○ Die Eier einrühren
○ Würzen mit Gemüseconsommé, der Sojasoße, Pfeffer und den Kräutern der Provence
○ Ein Backblech mit Backpapier auslegen
○ Flache, etwas größere Bratlinge formen, mit 2 Eßl. Öl beträufeln
Im Ofen bei 180° C 20 Minuten backen

○ Die Bratlinge aus dem Ofen nehmen und einzeln umdrehen
○ Aus dem Schafskäse soviel Scheibchen schneiden, daß auf die Hälfte der Bratlinge je eine davon gelegt werden kann
○ Die andere Hälfte Bratlinge mit der gebratenen Seite auf die Käsescheibe setzen
○ Das restliche Öl auf die Hacklinge träufeln
Im Ofen bei 200° C weitere 12 Minuten backen

Extra-Tip

Als Beilage können Salzkartoffeln serviert werden. Es schmeckt dazu Feldsalat mit Tofu-Croutons.
(Siehe Seite 227)

Trennkost-Tip

Dieses Gericht ist ohne Kartoffeln eine *Eiweißmahlzeit*.

Soja-Hack

Soja-Hack

Soja-Hack

Gefüllte Auberginen

Zutaten

100 g Soja-Hack
4 große Auberginen
1 grüne Paprikaschote
1 rote Peperoni
2 vollreife Fleischtomaten
2 mittelgroße Zwiebeln
1 Knoblauchzehe
200 g Schafskäse
9 Eßl. Olivenöl
1 gestrichener Eßl. Kräuter der Provence
Gemüseconsommé
Algen-Kräuter-Salz
schwarzer Pfeffer aus der Mühle

Extra-Tip

Dazu empfiehlt sich Naturreis oder Baguette.

Trennkost-Tip

Ohne Reis oder Baguette ist dieses Gericht eine *Eiweißmahlzeit*. Statt Reis empfiehlt sich eventuell Kürbismus. (Siehe Seite 226)

Zubereitung

- Das Hack mit 200 ml kochend heißem Wasser übergießen
- 30 Minuten quellen lassen
- Die Peperoni sehr fein hacken und dazu mischen
- Würzen mit Gemüseconsommé, Algen-Kräuter-Salz und Pfeffer
- Alles in 3 Eßl. Öl gut durchbraten
- Den Schafskäse grob zerbröseln und 100 g davon unterheben

- Die Auberginen gänzlich mit Wasser bedecken
- 4 Minuten kochen
- Abtrocknen und längs halbieren
- Die Hälften mit einem scharfen Löffel aushöhlen, es soll ein etwa 1,5 cm dicker Rand verbleiben

- Das innere Auberginenfleisch in ca. 1 cm große Würfel schneiden
- Den Knoblauch durch eine Presse geben
- Die Paprikaschote fein würfeln
- Die Zwiebeln fein würfeln
- Zwiebeln in 2 Eßl. Öl kurz anbraten
- Knoblauch am Schluß mitbraten
- Die Paprikawürfel in 1 Eßl. Öl von allen Seiten anbraten
- Die Auberginenwürfel in 1 Eßl. Öl von allen Seiten anbraten
- Die Tomaten häuten und in kleine Würfel teilen
- Alle Zutaten miteinander mischen
- Würzen mit Gemüseconsommé, den Kräutern der Provence und Pfeffer

- Das Hack mit der Gemüsemischung verrühren und in die Auberginenhäften füllen
- Mit dem restlichen Schafskäse bestreuen

- Zwei Auflaufformen mit dem restlichen Öl einfetten, die Auberginenhälften einsetzen
- Aus 1/4 l Wasser und Gemüseconsommé eine Brühe abschmecken und in die Auflaufform geben

Im Ofen bei 220° C 20 Minuten backen

Soja-Hack

Soja-Hack

Sojahackling mit Selleriepürree und Rosenkohl

Zutaten

100 g Soja-Hack

800 g junge Sellerieknollen

600 g kleine Rosenkohlröschen (ggf. Tiefkühl)

2 mittelgroße Zwiebeln

50 g junger Gouda

2 Eigelb

1 Ei

500 ml Milch

100 ml süße Sahne

150 g Crème fraîche

2 Eßl. Sojasoße

70 g Brabu

30 g Butter

Gemüseconsommé

3 Msp. Muskat

weißer Pfeffer

Zubereitung

○ Von dem geputzten Sellerie 100 g abschneiden und zur Seite legen
○ Den Rest der Knollen grob würfeln und in der Milch weichgaren
○ Abgießen, pürieren
○ Die Sahne hinzufügen
○ Würzen mit Gemüseconsommé, Pfeffer und 1 Msp. Muskat

○ Den Rosenkohl würzen mit Gemüseconsommé, Pfeffer und 1 Msp. Muskat
○ In wenig Wasser garen, abtropfen
○ Die Butter unterheben

○ Das Hack mit 200 ml kochend heißem Wasser übergießen
○ 30 Minuten quellen lassen
○ Die Zwiebeln fein würfeln
○ In 20 g Brabu zart bräunen
○ Die 100 g Sellerie grob raspeln
○ In 20 g Brabu von allen Seiten anbraten
○ Den gut gekühlten Käse raspeln
○ Hack mit Sellerie, Zwiebeln und Käse vermischen
○ Das Ei dazugeben
○ Würzen mit Gemüseconsommé und Pfeffer
○ Flache Bratlinge formen
○ In der restlichen Brabu von allen Seiten knusprig braten

○ Für die Soße die Crème fraîche mit der Sojasoße verrühren
○ Erwärmen
○ Das Eigelb rasch einrühren
○ Auf kleinster Flamme leicht andicken lassen
○ Dabei ständig mit einem Schneebesen umrühren, nicht kochen
○ Würzen mit Gemüseconsommé, Pfeffer und 1 Msp. Muskat

Extra-Tip

Dazu schmeckt eine Sellerie-Apfel-Rotkohl-Rohkost mit gerösteten Mandelblättern.

Trennkost-Tip

Dieses Gericht ist eine *Eiweißmahlzeit*.

Soja-Hack

Soja-Hack

Sojabratling mit Auberginen und Tomaten

Zutaten

100 g Soja-Hack

5 große Auberginen

4 feste reife Fleischtomaten

1 Knoblauchzehe

230 g junger Gouda

1 Eßl. geriebenen Parmesan

1 Ei

35 g Butter

8 Eßl. Olivenöl

Gemüseconsommé

1 gestrichener Eßl. Paprikapulver scharf

1 leicht gehäufter Eßl. Kräuter der Provence

Extra-Tip

Wer eine weitere Beilage wünscht, kann Naturreis dazu wählen.

Trennkost-Tip

Dieses Gericht ist ohne Reis eine *Eiweißmahlzeit*. Dazu würden dann Kicherspätzle passen. (Rezept siehe Seite 195)

Zubereitung

○ Das Hack mit 200 ml kochend heißem Wasser übergießen
○ 30 Minuten quellen lassen
○ 1 Aubergine grob raspeln
○ Diese in 1 Eßl. Öl kurz von allen Seiten anbraten
○ 80 g gut gekühlten Käse grob raspeln
○ Alles vermischen
○ Das Ei dazugeben
○ Würzen mit der Hälfte des Paprikapulvers, Gemüseconsommé, 3/4 der Kräuter der Provence
○ Ein Backblech mit Backpapier auslegen
○ Mit einem Eisportionierer Bratlinge formen
○ Auf die eine Hälfte des Papiers setzen
○ Dann diese hohen Halbkugeln flacher drücken
○ Mit 3 Eßl. Öl beträufeln
Vorbacken bei 200° C 20 Minuten

○ Die restlichen Auberginen in fingerdicke Scheiben schneiden
○ Mit 2 Eßl. Öl von beiden Seiten bestreichen
○ Dicht an dicht in eine Pfanne legen
○ Bei mittlerer Hitze beidseitig kurz anbraten, nicht ganz weichgaren
○ Die gebratenen Scheiben in einer Schüssel beiseite stellen und zudecken, damit sie nicht völlig auskühlen, während mit den restlichen Scheiben genauso verfahren wird

○ Von den Tomaten einen Deckel abschneiden
○ Die Schnittflächen würzen mit Gemüseconsommé, 1 Msp. von den Kräutern der Provence und 1 Msp. von dem Paprikapulver
○ Den Parmesan darüberstreuen
○ Die Tomaten auf die eine Seite des Backbleches setzen

○ Die Auberginenscheiben auf der anderen Seite des Backbleches in 2 Lagen übereinanderlegen und mit den restlichen Kräutern der Provence und dem restlichen Paprikapulver bestreuen
○ Den restlichen Gouda in Scheiben schneiden
○ Auf die Auberginen legen
Alles zusammen im Ofen bei 170° C 20 Minuten backen

Soja-Hack

Soja-Hack

Blumenkohl auf Soja-Bolognese

Zutaten

100 g Soja-Hack

1 Blumenkohl

250 g Zucchini

5 große vollreife Fleischtomaten

10 schwarze Oliven ohne Stein

2 mittelgroße Zwiebeln

2 Knoblauchzehen

8 Eßl. Olivenöl

1 leicht gehäufter Eßl. Oregano getrocknet

1 gestrichener Teel. Rosmarinpulver

Gemüseconsommé

Algen-Kräuter-Salz

schwarzer Pfeffer aus der Mühle

Zubereitung

◯ Das Hack mit 200 ml kochend heißem Wasser übergießen
◯ 30 Minuten quellen lassen
◯ In 4 Eßl. Öl von allen Seiten gut anbraten
◯ Die Zwiebeln fein würfeln
◯ In 2 Eßl. Öl hellbraun braten
◯ Die Knoblauchzehen fein hacken und am Schluß kurz mitbraten
◯ Die Zucchini in Scheiben schneiden
◯ Von beiden Seiten in 2 Eßl. Öl anbraten
◯ Die Tomaten häuten, grob würfeln
◯ Alles miteinander vermischen
◯ Würzen mit Gemüseconsommé, Algen-Kräuter-Salz, Pfeffer, Oregano und Rosmarin
◯ Die Bolognese noch 15 Minuten auf kleiner Flamme köcheln lassen
◯ Die Oliven vierteln und am Schluß 3 Minuten mitziehen lassen

◯ Den Blumenkohl rundum würzen mit Gemüseconsommé
◯ Mitsamt einem kleinen Strunk in den Kochtopf stellen
◯ In wenig Wasser garen

Extra-Tip

Dazu schmecken Dinkelnudeln.

Trennkost-Tip

Ohne Dinkelnudeln ist dieses Gericht eine *Eiweißmahlzeit*. Trennköstler können Kicher-Spätzle dazu servieren. (Rezept siehe Seite 195)

Soja-Hack

Feine Hack-Bratlinge mit Petersilienkarotten

Zutaten

100 g Soja-Hack

800 g junge Karotten

2 gehäufte Eßl. Rosinen

50 g gehackte Mandeln

70 g junger Gouda

2 kleine Eier

30 g Butter

50 g Brabu

1 großer Bund Petersilie

Gemüseconsommé

weißer Pfeffer aus der Mühle

Zubereitung

○ Das Soja-Hack mit 200 ml kochend heißem Wasser übergießen
○ 30 Minuten quellen lassen
○ 150 g von den Karotten grob raspeln
○ In 20 g Brabu kurz von allen Seiten anbraten
○ Diese Karotten zu dem Hack mischen
○ Den gut gekühlten Gouda grob raspeln und dazugeben
○ Die Eier verquirlen
○ Die Rosinen grob hacken
○ Alles unter das Hack heben
○ Die Mandeln ohne Fett von allen Seiten in der Pfanne anrösten
○ Ebenfalls dazumischen
○ Die Hälfte der Petersilie grob hacken, dazugeben
○ Würzen mit Gemüseconsommé, Pfeffer

○ Ein Backblech mit Backpapier auslegen

○ Mit einem Eisportionierer aus dem Hackgemisch Bällchen formen
○ Auf das Papier setzen und flach drücken
○ 30 g der Brabu schmelzen
○ Die Oberfläche der Bratlinge damit beträufeln

Im Ofen bei 200° C 25 Minuten backen

○ Die restlichen Karotten in gleichmäßige Scheiben schneiden
○ Mit Gemüseconsommé und wenig Pfeffer würzen
○ In wenig Wasser nicht zu weich garen
○ Abtropfen, die Butter unterrühren
○ Die restliche Petersilie unter das Gemüse heben
○ Bei geschlossenem Deckel noch 3 Minuten vor dem Anrichten Aroma entfalten lassen

Extra-Tip

Dazu schmecken Salzkartoffeln

und Salatherzen in Sauerrahm mit Petersilie.

Trennkost-Tip

Ohne Kartoffeln ist dieses Gericht eine *Eiweißmahlzeit*.

Soja-Hack

Soja-Hack

Soja-Hack

Hack-Chicorée-Auflauf

Zutaten

100 g Soja-Hack

1300 g Chicorée

1 mittelgroße Zwiebel

4 Knoblauchzehen

200 g mittelalter Gouda

3 Eier

4 Eigelb

100 ml süße Sahne

150 g Crème fraîche

40 g Brabu

Gemüseconsommé

1 Msp. Muskat

weißer Pfeffer aus der Mühle

Zubereitung

○ Den Strunk des Chicorée kegelförmig heraustrennen
○ Den Chicorée mit Wasser bedecken
○ 3 längs halbierte Knoblauchzehen mit ins Kochwasser geben
○ Würzen mit Gemüseconsommé und Pfeffer
○ Gut weich garen, abtropfen

○ Hack mit 200 ml kochend heißem Wasser übergießen
○ 30 Minuten quellen lassen
○ Den gut gekühlten Käse grob raspeln
○ Die Zwiebel grob würfeln
○ In 20 g Brabu goldbraun rösten
○ 1 Knoblauchzehe durch die Presse geben
○ Am Schluß kurz mitbraten
○ 200 g von den Chicorées grob pürieren
○ Das Hack mit 80 g von den Goudaraspeln, den Zwiebeln, dem Chicorée-Pürree und den 3 ganzen Eiern vermischen
○ Würzen mit Gemüseconsommé, Pfeffer und Muskat

○ Eine Auflaufform mit 20 g Brabu ausfetten
○ Die Chicorée nebeneinander in die Form legen
○ Das Eigelb mit 75 g Crème fraîche und der Sahne verrühren
○ 40 g Käseraspeln dazugeben
○ Würzen mit Gemüseconsommé und Pfeffer
○ Die Käsesahne über den Chicorée verteilen

○ Die Hackfarce mit 75 g Crème fraîche mischen und darüberstreichen
○ Mit dem restlichen Käse bestreuen
Im Ofen bei 200° C 50 Minuten backen

Extra-Tip

Dazu passen Bratkartoffeln mit Zwiebeln

oder auch Baguette und Kopfsalat mit Gurkenraspeln und Dill.

Trennkost-Tip

Ohne Kartoffeln und Baguette ist dieses Gericht eine *Eiweißmahlzeit*.

Soja-Hack

Soja-Kruste über dem Ratatouille-Topf

Zutaten

100 g Soja-Hack
700 g Auberginen
600 g Zucchini
3 rote Paprikaschoten
3 grüne Paprikaschoten
4 große Fleischtomaten
2 große Gemüsezwiebeln
1 Knoblauchzehe
150 g Mozzarella
150 g Schafskäse
2 Eier
14 Eßl. Olivenöl
1 gestrichener Eßl. Oregano
2 Zweige Rosmarin (ersatzweise 1 gestrichener Eßl. Rosmarinpulver)
Gemüseconsommé
1 leicht gehäufter Teel. Paprikapulver mild
1 leicht gehäufter Teel. Paprikapulver scharf
weißer Pfeffer aus der Mühle

Zubereitung

❍ Zwiebeln in Ringe schneiden
❍ In 2 Eßl. Öl leicht anbräunen
❍ Eine Auflaufform mit 2 Eßl. Öl ausfetten
❍ Mit den Zwiebeln den Boden bedecken
❍ Bestreuen mit etwas Gemüseconsommé

❍ 500 g der Auberginen in fingerdicke Scheiben schneiden
❍ Die Scheiben mit 2 Eßl. Öl bestreichen
❍ Mit wenig Gemüseconsommé würzen
❍ Auf beiden Seiten leicht anbraten

❍ Die Zucchini in 1 cm dicke Scheiben schneiden
❍ Mit 2 Eßl. Öl bestreichen
❍ Mit Gemüseconsommé und etwas von beiden Paprikapulvern bestäuben
❍ Von beiden Seiten anbraten

❍ Die Paprika in etwa 4 cm große Stücke schneiden
❍ In 1 Eßl. Öl wenden
❍ Mit Gemüseconsommé und etwas von den 2 Sorten Paprikapulver bestäuben
❍ Von beiden Seiten anbraten

❍ Die Tomaten in fingerdicke Scheiben schneiden
❍ Ungewürzt in 1 Eßl. Öl von einer Seite kurz anbraten

❍ Über die Zwiebeln die Paprika schichten
❍ Mit wenig Oregano und einigen abgezupften Rosmarinnadeln (oder Rosmarinpulver) bestreuen
❍ Darüber die Zucchini geben, die genauso gewürzt werden

❍ Den Mozzarella in kleine Würfel teilen und auf den Zucchini verteilen.
❍ Die Auberginenscheiben werden darübergelegt
❍ Ebenfalls mit Oregano, Rosmarin und den 2 Sorten Paprikapulver und Pfeffer bestreuen

❍ Das Hack mit 200 ml kochend heißem Wasser übergießen
❍ 30 Minuten quellen lassen
❍ 200 g Auberginen schälen, grob raspeln
❍ In 1 Eßl. Öl von allen Seiten anbraten
❍ Den Schafskäse mit der Gabel fein zerdrücken
❍ Die Knoblauchzehe durch eine Presse geben
❍ Die Eier verrühren
❍ Alles zusammenmischen
❍ Würzen mit der Sojasoße, Gemüseconsommé, Pfeffer, dem Rest der Kräuter und dem Rest der beiden Paprikapulver
❍ Diese Farce wird über den Auflauf gestrichen
❍ Mit 3 Eßl. Öl beträufeln

Im Ofen bei 200° C 40 Minuten backen

Extra-Tip

Dazu schmeckt Baguette.

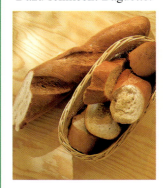

Trennkost-Tip

Ohne Baguette ist dieses Gericht eine *Eiweißmahlzeit*.

Soja-Hack

Soja-Hack

Soja-Hack

Hack-Tofu-Bratlinge in Mandelsoße mit gemischtem Gemüse

Zutaten

- 70 g Soja-Hack
- 100 g Tofu natur (weiche Sorte)
- 1 kl. Kopf Blumenkohl (ca. 500 g)
- 200 g Karotten
- 200 g Kohlrabi
- 1 Tasse Erbsen (Tiefkühl)
- 100 g grüne Bohnen (Tiefkühl)
- 200 g Brokkoli
- 1 Bund Frühlingszwiebeln
- 50 g gehobelte Mandeln
- 3 Eßl. trockener Weißwein
- 100 g Rahmgouda (70% Fett i.Tr.)
- 2 Eigelb
- 3 Eier
- 2 gehäufte Eßl. Crème fraîche
- 60 g Brabu
- 20 g Butter
- 1/2 gestrichener Teel. Thymian
- 1 Bund Petersilie
- Gemüseconsommé
- 1 Msp. Muskat
- weißer Pfeffer

Zubereitung

○ Das Hack mit 140 ml kochend heißem Wasser übergießen
○ 20 Minuten quellen lassen
○ Den Tofu zerdrücken, dazugeben
○ 200 g von dem Blumenkohl in Röschen teilen und in wenig Wasser so weich garen, daß er sich zerdrücken läßt
○ Die Mandeln ohne Fett in der Pfanne von allen Seiten leicht anrösten
○ Die Frühlingszwiebeln in feine Ringe schneiden
○ Diese in 20 g Brabu von allen Seiten anbraten
○ Die Hälfte der Mandeln, die gebratenen Zwiebeln und die 3 Eier zu dem Soja-Tofugemisch geben
○ Den gut gekühlten Käse grob raspeln, untermischen
○ Würzen mit Gemüseconsommé, Pfeffer und Thymian
○ Die Petersilie grob hacken
○ 1/3 davon in das Soja-Tofu-Gemisch einarbeiten
○ Runde Bratlinge formen
○ In 40 g Brabu in der Pfanne bei mittlerer Hitze braten

○ Den Kohlrabi und die Karotten würfeln
○ In wenig Wasser garen
○ Nach 10 Minuten die Bohnen hinzufügen
○ Blumenkohl in Röschen teilen und ebenfalls dazugeben
○ Nach weiteren 5 Minuten den in Röschen geteilten Brokkoli ebenfalls zu dem Kochgut geben
○ Würzen mit Gemüseconsommé und Pfeffer
○ Noch weitere 10 Minuten garen
○ Am Schluß die Erbsen dazugeben
○ 2 Minuten mitköcheln
○ Das Kochwasser gänzlich abtropfen lassen
○ Die Butter unterheben
○ 1/3 der Petersilie einstreuen

○ Die Crème fraîche in einem kleinen Topf schmelzen lassen
○ Den Weißwein einrühren
○ Vom Feuer nehmen und das Eigelb einquirlen
○ Auf der kleinsten Flamme mit dem Schneebesen ständig rühren, bis die Soße eingedickt ist (darf nicht kochen!)
○ Die restlichen Mandeln dazurühren
○ Würzen mit Gemüseconsommé, Pfeffer und Muskat

Extra-Tip

Als Beilage empfehle ich Pellkartoffeln. Dazu schmeckt ein Chicorée-Salat mit Mango und Walnuß.

Trennkost-Tip

Dieses Gericht ist ohne Pellkartoffeln eine *Eiweißmahlzeit*.

Soja-Ragout

Soja-Ragout

Butterzart und fein im Biß ist diese Soja-Fleischsorte.
Sie bietet sich für alle Gerichte an, für die man sonst nur Geflügelfleisch oder Schweinefleisch verwenden konnte.
Soja-Ragout ist zart gebräunt (gemalzt) und sieht sehr appetitlich aus.
Von Natur aus nahezu ohne Geschmack, läßt es sich hervorragend kombinieren:

○ Als sättigende Fleischmahlzeit

○ Mit praktisch allen Gemüsesorten und Gewürzen

○ Für Füllungen

○ In Aufläufen

○ Als krönender Belag auf Pizzen oder deftigen Kuchen

○ Für die asiatische Küche mit ihren süß-sauren Rezepten im Verein mit

Ananas und getrockneten Pflaumen sowie Rosinen

○ Auch Äpfel und Birnen sind feine Ergänzungen

○ Pilze und Oliven sind ebenfalls gute Partner

Die entstehenden Röststoffe lassen die Geschmacks-Täuschung echt erscheinen. Es läßt sich von unbefangenen Gästen wie ein Fleischgericht verzehren. Eine gute Sojasoße trägt sehr dazu bei, diesem Produkt den herzhaften Hauch zu verleihen. Bei der Zubereitung sind der Phantasie also förmlich keine Grenzen gesetzt. Nur Mut, dieses Ragout eignet sich für nahezu alle Mahlzeiten, die bislang nur mit Fleisch zu verwirklichen waren.

Wichtiger Zubereitungs-Tip

Ragout als Trockenprodukt muß vor der Zubereitung 15-20 Minuten quellen. Dafür mit kochend heißem Wasser übergießen. Dann gut abtropfen und in Brabu oder in gutem Olivenöl von allen Seiten anbraten.
Die dabei entstehenden Röststoffe tragen zur Geschmacksgebung bei. Allerdings bräunt Soja beim Braten
nur wenig. Es kann vor dem Braten oder auch später gewürzt werden.
Nach dem Braten muß Soja in etwas Flüssigkeit kochen. Das kann Sahne sein, Gemüsebrühe, Tomatensaft, Weißwein, Crème fraîche o.a.

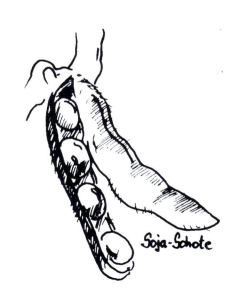

Soja-Schote

Soja-Ragout

Soja-Ragout

Ungarisches Gulasch mit Weißkraut nach Art der Evi

Zutaten

100 g Soja-Ragout

1 Weißkohl (ca. 1 kg)

4 große vollreife Fleischtomaten

125 ml trockener Rotwein

400 g Zwiebeln

2 Knoblauchzehen

150 g Crème fraîche

50 g Brabu

1 gestrichener Eßl. Thymian

Gemüseconsommé

2 gestrichene Eßl. Kümmelpulver

1 gestrichener Eßl. Paprikapulver mild

1 gestrichener Eßl. Paprikapulver scharf

weißer Pfeffer aus der Mühle

Extra-Tip

Dazu kann man Semmelknödel reichen. Wenn die Tomaten nicht wirklich vollreif sind, empfehlen sich wegen des Geschmacks eher geschälte Tomaten aus der Konserve. Dazu schmeckt eine Weißkrautrohkost mit Äpfeln und Rosinen

Trennkost-Tip

Ohne Semmelknödel ist dieses Gericht eine **Eiweißmahlzeit.** Trennköstlern empfehlen wir als Beilage Kicherspätzle in Butter gebraten! (Rezept siehe Seite 195)

Zubereitung

❍ Das Soja mit kochend heißem Wasser übergießen
❍ 20 Minuten quellen lassen
❍ Abtropfen
❍ In 30 g Brabu von allen Seiten gut anbraten
❍ Die Zwiebeln grob würfeln
❍ In 20 g Brabu anbraten, bis sie beginnen, leicht Farbe zu nehmen
❍ Die Knoblauchzehen durch eine Presse geben und am Schluß kurz mitbraten lassen
❍ Bei geschlossenem Deckel, auf kleinster Flamme leicht köchelnd 20 Minuten garen
❍ Die Tomaten häuten, grob würfeln und mit den Zwiebeln zusammengeben
❍ Weitere 10 Minuten garen
❍ Den Rotwein dazugießen
❍ Die Sojasoße, die beiden Paprikapulver, Thymian und 1 Eßl. des Kümmellpulvers dazu mischen
❍ 75 g Crème fraîche dazugeben
❍ Alles erhitzen und bei kleinster Flamme noch 5 Minuten köcheln lassen

❍ Den Weißkohl in ca. 5 cm große Quadrate schneiden
❍ Würzen mit Gemüseconsommé, dem restlichen Kümmelpulver und weißem Pfeffer
❍ Garen in wenig Wasser (nicht zu weich werden lassen)
❍ Abtropfen
❍ Die restliche Crème fraîche unter den Kohl mischen

Soja-Ragout

Szegediner Ragout mit Kichermehl-Spätzle

Zutaten

- 100 g Soja-Ragout
- 500 g frisches Sauerkraut
- 300 g Kichererbsenmehl
- 4 mittelgroße Zwiebeln
- 2 Knoblauchzehen.
- 4 Eier
- 600 ml Milch
- 150 g Crème fraîche
- 125 ml trockener Weißwein
- 70 g Brabu
- 30 g Butter
- 3 Lorbeerblätter
- Gemüseconsommé
- 1 gestrichener Eßl. Kümmelpulver
- weißer Pfeffer aus der Mühle

Zubereitung

- Das Soja mit kochend heißem Wasser übergießen
- 20 Minuten quellen lassen, abtropfen
- In 30 g Brabu von allen Seiten gut anbraten
- Die Zwiebeln grob würfeln
- In 40 g Brabu leicht anbraten, bis sie beginnen, Farbe zu nehmen
- Die Knoblauchzehen durch eine Presse geben
- Am Schluß mit den Zwiebeln mitbraten lassen
- Mit dem Soja mischen
- Den Weißwein und die Hälfte der Crème fraîche dazugeben
- Würzen mit Gemüseconsommé, Pfeffer und den Lorbeerblättern
- Bei geschlossenem Deckel, bei kleinster Flamme leicht köchelnd 20 Minuten garen
- Das Sauerkraut mit der restlichen Hälfte Crème fraîche mischen
- In dem Ragout kurz erhitzen (nicht kochen)

- Das Kichererbsenmehl in eine Schüssel sieben
- Mit der Milch, den Eiern, Gemüseconsommé und Pfeffer zu einem Teig kneten
- Portionsweise auf ein Brett streichen
- Salzwasser sprudelnd kochen lassen
- Den Teig mit einem Messer zu großen Spätzle in das Wasser schaben
- Die Spätzle innerhalb weniger Minuten garen, abtropfen
- In der Butter von allen Seiten braten

Extra-Tip

Je nach Größe der Spätzle wird unterschiedlich lange Kochzeit benötigt.

Dazu schmeckt ein Kopfsalat mit Sauerrahm-Schnittlauch-Dressing mit Balsamico.
(Dressings ab Seite 224)

Trennkost-Tip

Dieses Gericht ist eine *Eiweißmahlzeit*

137 Soja-Ragout

Soja-Ragout

Soja-Ragout

Scharfe Sauerkrautsuppe mit Ragout

Zutaten

50 g Soja-Ragout

300 g frisches Sauerkraut

1 große Zwiebel

1 Knoblauchzehe

150 g Schmand

2 Eßl. Sojasoße

6 Eßl. Olivenöl

1 Chilischote

Gemüseconsommé

1 gestrichener Teel. Paprikapulver mild

1 gestrichener Teel. Paprikapulver scharf

Zubereitung

❍ Das Ragout mit kochend heißem Wasser übergießen
❍ 20 Minuten quellen lassen, gut abtropfen
❍ Würzen mit Gemüseconsommé und Sojasoße
❍ Die Zwiebel fein reiben
❍ Die Knoblauchzehe durch eine Presse geben
❍ Beides unter das Soja mischen
❍ Zusammen von allen Seiten in dem Olivenöl anbraten
❍ 2 große Tassen Wasser und 100 g Schmand dazugeben
❍ Bei geschlossenem Deckel leise 15 Minuten köcheln lassen
❍ Das Sauerkraut hineingeben
❍ Nur erhitzen, nicht kochen lassen
❍ Gleich vom Herd nehmen
❍ Alles würzen mit den beiden Paprikapulvern
❍ Je nach Lust auf Schärfe Chilischote fein hacken und zugeben
❍ Auf jede Portion noch etwas Schmand geben

Extra-Tip

Mit dieser pikanten – und, wenn Sie mögen, auch scharfen – Suppe machen Sie auch bei einer Party Furore.
Wenn Sie es nicht ganz so scharf mögen, empfiehlt es sich, das Innere der Chilischote vor dem Hacken herauszunehmen.

Trennkost-Tip

Dieses Gericht ist eine *Eiweißmahlzeit*.

Soja-Ragout

Gulaschsuppe

Zutaten

50 g Soja-Ragout

4 große vollreife Fleischtomaten

1 rote Paprikaschote

1 grüne Paprikaschote

3 mittelgroße Karotten

100 g Sellerieknolle

4 große Zwiebeln

3 Knoblauchzehen

75 g Crème fraîche

7 Eßl. Olivenöl

2 getrocknete kleine Chilischoten

Gemüseconsommé

1 gestrichener Teel. Paprikapulver mild

1 gestrichener Teel. Kümmel

Zubereitung

○ Das Ragout mit kochend heißem Wasser übergießen
○ 20 Minuten quellen lassen, abtropfen
○ In 3 Eßl. Öl von allen Seiten gut anbraten, zur Seite stellen

○ Die Tomaten häuten, würfeln
○ Die Zwiebeln grob würfeln und in 2 Eßl. Öl hellbraun braten
○ Die Knoblauchzehe durch eine Presse geben und am Schluß kurz mitbraten
○ Die Paprikaschoten in große Stücke schneiden und in 2 Eßl. Öl ebenfalls kurz anbraten
○ Die Karotten in Scheiben schneiden
○ Den Sellerie in Stifte teilen
○ Alles Gemüse einschließlich der Zwiebeln in 3/4 l Wasser geben
○ Die Chilischoten in feine Ringe schneiden und dazu- rühren
○ Würzen mit Kümmel, Gemüseconsommé und dem Paprikapulver
○ Die Suppe zugedeckt auf kleinster Flamme 30 Minuten köcheln lassen
○ Das Ragout dazugeben und alles zusammen noch 10 Minuten weiterköcheln lassen
○ Vor dem Servieren die Crème fraîche unterrühren

Extra-Tip

Die Tomaten müssen voll- reif sein. Sonst sind geschälte Tomaten aus der Konserve anzuraten. Wer es weniger scharf mag, verwendet nur 1 Chilischote und entfernt die scharfen Kerne. Werden gebratene Kicherspätzle (Rezept siehe Seite 195) eingerührt, ist diese Suppe eine Hauptmahlzeit.

Trennkost-Tip

Dieses Gericht ist eine *Eiweißmahlzeit*.

Soja-Ragout

Soja-Ragout

Soja-Ragout

Tomatenragout mit Parmesan und Kürbisrösti

Zutaten

100 g Soja-Ragout

1 Hokaidokürbis (ca. 1,2 kg)

4 große Fleischtomaten

3 große Zwiebeln

50 g Parmesan

2 Eier

250 g Crème fraîche

8 Eßl. Olivenöl

2 gestrichene Eßl. Kräuter der Provence

1 frische Chilischote

Gemüseconsommé

1 gestrichener Teel. Paprikapulver mild

1/2 gestrichener Teel. Paprikapulver scharf

weißer Pfeffer

Extra-Tip

Zu diesem Ragout können auch noch andere Gemüsebeilagen gereicht werden.

Trennkost-Tip

Dieses Gericht ist eine *Eiweißmahlzeit*.

Zubereitung

❍ Das Ragout mit kochendem Wasser übergießen
❍ 20 Minuten quellen lassen
❍ Gut abtropfen
❍ In 3 Eßl. Öl von allen Seiten gut anbraten
❍ 2 Zwiebeln fein würfeln
❍ In 1 Eßl. Öl anbraten, bis sie Farbe genommen haben
❍ Die Tomaten häuten, würfeln
❍ Mit den Zwiebeln zusammen solange sieden, bis sie zerfallen
❍ Würzen mit Gemüseconsommé und den beiden Paprikapulvern sowie 1 Eßl. Kräuter der Provence
❍ Die Chilischote fein hacken und untermischen
❍ Die Crème fraîche einrühren
❍ Den Parmesan fein hobeln und über das heiße Ragout geben

❍ Den Kürbis geputzt, jedoch ungeschält in kochendes Wasser stellen
❍ 3 Minuten sieden lassen
❍ Abtropfen und halbieren
❍ Auf einer Röstireibe schnetzeln
❍ 1 Zwiebel fein reiben
❍ Die Eier verquirlen
❍ Alles vermischen
❍ Würzen mit Gemüseconsommé, Pfeffer und 1 gestrichenen Eßl. Kräuter der Provence
❍ 2 Eßl. Öl erhitzen und aus der Hälfte der Kürbis-Schnetzel große Bratlinge formen
❍ Auf mittlerer Flamme von beiden Seiten goldbraun braten
❍ Danach den Rest in 2 weiteren Eßl. Öl braten

Soja-Ragout

Champignon-Sahne-Ragout mit Erbsen und Blumenkohlpürree

Zutaten

100 g Soja-Ragout

1 großer Blumenkohl

500 g weiße Champignons

300 g Erbsen (Tiefkühl)

2 mittelgroße Zwiebeln

500 ml süße Sahne

60 g Brabu

30 g Butter

Gemüseconsommé

2 Msp. Muskat

weißer Pfeffer

Zubereitung

○ Das Ragout mit kochend heißem Wasser übergießen
○ 20 Minuten quellen lassen
○ Gut abtropfen
○ In 30 g Brabu von allen Seiten gut anbraten
○ Die Zwiebeln fein würfeln
○ In 10 g Brabu bei mittlerer Flamme bräunen
○ Die Champignons in feine Scheiben schneiden
○ In 20 g Brabu rasch sehr heiß durchbraten
○ 1/2 Tasse von der Sahne zur Seite stellen
○ Alles zusammen mit dem großen Teil der Sahne vermischen
○ Würzen mit Gemüseconsommé, Pfeffer und 1 Msp. Muskat
○ 20 Minuten auf kleinster Flamme zugedeckt köcheln lassen

○ Den Blumenkohl in Röschen teilen
○ In wenig Wasser recht weich garen
○ Abtropfen
○ Mit dem Küchenstampfer pürieren
○ Die 1/2 Tasse Sahne und 20 g Butter hinzufügen
○ Würzen mit Gemüseconsommé und der restlichen Msp. Muskat

○ Die Erbsen würzen mit Gemüseconsommé und Pfeffer
○ 2 Minuten leise köcheln lassen, abtropfen
○ 10 g Butter unterrühren

Extra-Tip

Statt Blumenkohlpürree kann auch Reis serviert werden. Dazu schmeckt ein Feldsalat mit gebratenen Champignons.

Trennkost-Tip

Ohne Reis ist dieses Gericht eine *Eiweißmahlzeit*.

Soja-Ragout

Soja-Ragout

Ragout in Roquefortsoße mit Fenchel

Zubereitung

❍ Das Ragout mit kochend heißem Wasser übergießen
❍ 20 Minuten quellen lassen
❍ Abtropfen
❍ In 30 g Brabu von allen Seiten gut anbraten
❍ Die Zwiebeln in sehr kleine Würfel teilen
❍ In 20 g Brabu bräunen
❍ Ragout und Zwiebeln mischen
❍ Die Crème fraîche sowie die Sahne zugeben
❍ Würzen mit Gemüseconsommé
❍ Alles bei kleinster Flamme 15 Minuten köcheln lassen
❍ Die Herdplatte ausstellen
❍ Den Roquefort einrühren, schmelzen lassen, jedoch nicht kochen

❍ Die Fenchelknollen mit Gemüseconsommé und Pfeffer würzen
❍ Die Knoblauchzehen halbieren und dazugeben
❍ In wenig Wasser garen
❍ Die Fenchelknollen halbieren
❍ Die Butter zerlassen
❍ Die Fenchelknollen damit beträufeln

Zutaten

100 g Soja-Ragout

4 mittelgroße Fenchelknollen

2 mittelgroße Zwiebeln

2 Knoblauchzehen

30 g Roquefort-Käse

125 ml süße Sahne

75 g Crème fraîche

50 g Brabu

30 g Butter

Gemüseconsommé

weißer Pfeffer

Extra-Tip

Dieses Gericht schmeckt auch sehr gut, wenn die Fenchel gewürfelt und unter das Ragout gerührt wird. Dazu kann Baguette serviert werden.

Trennkost-Tip

Dieses Gericht ist ohne Baguette eine *Eiweißmahlzeit*.

Soja-Ragout

Crêpes gefüllt mit Paprika-Schafskäse-Ragout

Zutaten

100 g Soja-Ragout

150 g Kichermehl

3 vollreife Fleischtomaten

3 mittelgroße Zwiebeln

200 g Schafskäse

2 Eier

300 ml Milch

150 g Crème fraîche

90 g Brabu

3 Zweige Basilikum

Gemüseconsommé

Algen-Kräuter-Salz

weißer Pfeffer

Zubereitung

❍ Das Ragout mit kochend heißem Wasser übergießen
❍ 20 Minuten quellen lassen
❍ Abtropfen
❍ Von allen Seiten in 30 g Brabu gut anbraten
❍ 100 ml Wasser dazugeben
❍ Würzen mit Gemüseconsommé und Pfeffer
❍ Die Tomaten häuten, würfeln und untermischen
❍ Crème fraîche einrühren
❍ Alles bei kleinster Flamme 20 Minuten köcheln lassen
❍ Ggf. etwas abtropfen

❍ Den Schafskäse zerdrücken und unterheben

❍ Basilikum in feine Streifen schneiden und dazumischen

❍ Das Kichermehl in eine Schüssel sieben
❍ Mit der Milch und den Eiern glattrühren
❍ Würzen mit Algen-Kräuter-Salz und Pfeffer
❍ In 60 g Brabu Crêpes mit etwa 20 cm Durchmesser backen

❍ Die Soja-Farce in die heißen Crêpes einrollen

Extra-Tip

Dazu paßt ein gemischter Salat mit Rucola in italienischem Dressing. (Dressings siehe Seite 224)

Trennkost-Tip

Dieses Gericht ist eine *Eiweißmahlzeit*.

Soja-Ragout

Ragout-Eintopf mit Zwiebeln

Zutaten

80 g Soja-Ragout

1 Hokaidokürbis (ca. 1,2 kg)

500 g vollreife Fleischtomaten

1 Bund Frühlingszwiebeln

1 Knoblauchzehe

2 gehäufte Eßl. Crème fraîche

2 Eßl. Sojasoße

6 Eßl. Olivenöl

1 gestrichener Teel. Rosmarinpulver

Gemüseconsommé

weißer Pfeffer

Extra-Tip

Dieser Eintopf ist gut sättigend. Er bekommt eine andere Geschmacksrichtung, wenn kleingezupfte Basilikumblätter untergerührt werden.

Trennkost-Tip

Dieses Gericht ist eine *Eiweißmahlzeit*.

Zubereitung

○ Den geputzten, ungeschälten Kürbis in sprudelnd kochendes Wasser setzen
○ 5 Minuten leicht köcheln lassen
○ Halbieren, das Kerngehäuse entfernen und würfeln
○ Würzen mit Gemüseconsommé und Pfeffer
○ In 1/2 l von dem Kochwasser weichgaren
○ Die Crème fraîche unterrühren

○ Das Ragout mit kochend heißem Wasser übergießen
○ 20 Minuten quellen lassen, gut abtropfen
○ Würzen mit Gemüseconsommé und Pfeffer
○ In 3 Eßl. Öl von allen Seiten gut anbraten
○ Die Zwiebeln in Ringe schneiden
○ In dem restlichen Öl bei mittlerer Flamme braten, bis sie etwas Farbe nehmen
○ Die Knoblauchzehe durch eine Presse geben und am Schluß kurz mitbraten lassen
○ Die Tomaten in große Würfel teilen
○ Kurz in den Zwiebeln köcheln lassen, so daß sie nicht mehr roh sind, jedoch noch Form und Farbe behalten
○ Die Schnetzel in die Zwiebel-Tomatenpfanne einrühren
○ Bei ausgestellter Flamme und geschlossenem Deckel noch einige Minuten ziehen lassen

○ Erst direkt vor dem Servieren das Zwiebel-Ragout mit dem Kürbis vermischen

Soja-Ragout

Soja-Ragout

Soja-Ragout

Ragout mit Kürbiswürfeln und Selleriepürree

Zutaten

100 g Soja-Ragout
1 Hokaidokürbis (ca. 600 g)
800 g Sellerieknollen
1/2 Bund Frühlingszwiebeln
4 Knoblauchzehen
1 Ei
200 ml süße Sahne
500 ml Milch
1 Eßl. Sojasoße
20 g Butter
70 g Brabu
60 g Sesamkörner
Gemüseconsommé
Algen-Kräuter-Salz
weißer Pfeffer

Zubereitung

○ Die Sellerieknollen in Würfel teilen
○ In der Milch sehr weich kochen
○ Abgießen, pürieren
○ 50 ml von der Sahne einrühren.
○ Würzen mit Gemüseconsommé und Pfeffer

○ Den Kürbis geputzt, aber ungeschält in sprudelnd kochendes Wasser setzen und 3 Minuten köcheln lassen
○ Danach abtropfen, das Kerngehäuse entfernen und in Würfel teilen
○ Würzen mit Gemüseconsommé und Pfeffer
○ In wenig Wasser nicht zu weich garen, abtropfen
○ Das Ei verquirlen, die Kürbiswürfel darin wenden

○ Mit den Sesamkörnern panieren
○ Vorsichtig von allen Seiten in 30 g Brabu goldbraun braten

○ Das Ragout mit kochend heißem Wasser übergießen und 20 Min. quellen lassen
○ Gut abtropfen und in 30 g Brabu gut durchbraten
○ Die Zwiebeln in Ringe schneiden
○ In 10 g Brabu hellbraun braten
○ Die Knoblauchzehen durch eine Presse geben
○ Am Schluß kurz mitbraten
○ Alles mit dem Ragout vermischen
○ Würzen mit Gemüseconsommé und Pfeffer und der Sojasoße
○ Die restliche Sahne einrühren
○ 20 Minuten auf kleinster Flamme köcheln lassen

Extra-Tip

Dazu schmeckt ein Endiviensalat in Sauerrahm-Dressing mit Balsamico.
(Dressings ab Seite 224)

Trennkost-Tip

Dieses Gericht ist eine *Eiweißmahlzeit*.

Soja-Ragout

Zwiebelragout mit Ananas-Rosinenkraut und feinen Spätzle

Zutaten

100 g Soja-Ragout

500 g frisches Sauerkraut

2 dicke Scheiben Ananas

4 mittelgroße Zwiebeln

150 g Kichererbsenmehl

30 g Rosinen

2 kleine Eier

75 ml süße Sahne

75 g Crème fraîche

3 Eßl. Sojasoße

100 g Brabu

Gemüseconsommé

Salz

schwarzer Pfeffer

weißer Pfeffer

Zubereitung

○ Das Ragout mit kochend heißem Wasser übergießen
○ 20 Minuten quellen lassen, gut abtropfen
○ Würzen mit der Sojasoße, Gemüseconsommé, kräftig pfeffern
○ In 40 g Brabu von allen Seiten gut anbraten
○ Die Zwiebeln grob würfeln
○ In 20 g Brabu goldbraun braten
○ Soja und die Zwiebeln zusammengeben
○ Die Sahne hinzufügen
○ Auf kleinster Flamme zugedeckt 15 Minuten leise köcheln lassen

○ Das Kichermehl mit 6 Eßl. Wasser und den Eiern zu einem geschmeidigen Teig kneten
○ Würzen mit Gemüseconsommé
○ Mit Hilfe eines Spätzle-Gerätes feine Spätzle in leicht gesalzenes, sprudelnd kochendes Wasser schaben
○ 1 Minute auf kleinster Flamme köcheln lassen
○ Mit einer Schaumkelle die Spätzle herausnehmen
○ In 20 g Brabu von allen Seiten braten

○ Die Ananasscheiben in große Würfel schneiden
○ Diese leicht würzen mit Gemüseconsommé
○ In 20 g Brabu von allen Seiten leicht anbraten
○ Die Rosinen dazugeben, unter Wenden kurz mitbraten
○ Das Sauerkraut rasch einrühren und erhitzen (nicht kochen)
○ Vom Herd nehmen
○ Würzen mit Gemüseconsommé und den beiden Pfeffersorten
○ Crème fraîche unterheben

Extra-Tip

Dieses Gericht ist besonders enzymreich, weil das Sauerkraut roh bleibt. Überraschend ist, daß es dennoch wie gekocht schmeckt.
(Genauere Angaben zur Zubereitung der Kicherspätzle siehe Seite 195)

Trennkost-Tip

Dieses Gericht ist eine *Eiweißmahlzeit*.

Soja-Ragout

Soja-Ragout

Soja-Ragout

Ragout mit Kohlrabi und Kürbisspalten im Sesammantel

Zutaten

100 g Soja-Ragout

1 Hokaidokürbis (ca. 800 g)

800 g Kohlrabi

50 g Sesamkörner

100 g mittelalter Gouda

3 Eier

2 leicht gehäufte Eßl. Crème fraîche

3 Eßl. Sojasoße

100 g Brabu

Gemüseconsommé

2 Msp. Muskat

weißer Pfeffer

Zubereitung

❍ Den geputzten, ungeschälten Kürbis in sprudelnd kochendes Wasser setzen
❍ 5 Minuten leicht köchelnd angaren
❍ Halbieren, das Kerngehäuse entfernen
❍ In Spalten teilen, gut abtrocknen, rundum würzen mit wenig Gemüseconsommé und Pfeffer
❍ 2 Eier mit 1 Eßl. Sojasoße verquirlen
❍ Die Spalten darin wenden
❍ Mit den Sesamkörnern panieren
❍ In 30 g Brabu von beiden Seiten goldbraun braten

❍ 700 g von dem Kohlrabi in dünne Scheiben schneiden
❍ Die inneren Kohlrabiblätter fein hacken und dazugeben
❍ In wenig Wasser recht weich garen, abtropfen
❍ Crème fraîche darunterrühren

❍ Das Ragout mit 200 ml kochend heißem Wasser übergießen
❍ 20 Minuten quellen lassen, abtropfen
❍ In 30 g Brabu gut durchbraten
❍ Den restlichen Kohlrabi grob raspeln
❍ In 10 g Brabu von allen Seiten 5 Minuten lang anbraten
❍ Unter das Ragout mischen
❍ Den gut gekühlten Käse grob raspeln und 50 g davon zu dem Ragout-Kohlrabi geben
❍ Das verbliebene Ei einrühren
❍ Würzen mit der restlichen Sojasoße, Gemüseconsommé und Pfeffer
❍ Eine kleine Auflaufform mit 10 g Brabu ausfetten
❍ Das Ragout einfüllen
❍ Die restliche Brabu schmelzen und über das Ragout tröpfeln

Bei 170° C 15 Min. backen
❍ Den restlichen Käse über das Ragout streuen

Weitere 15 Minuten backen

Extra-Tip

Sehr gut paßt dazu Rucolasalat.

Trennkost-Tip

Dieses Gericht ist eine *Eiweißmahlzeit*.

Soja-Ragout

Steinpilzragout mit Petersilienkürbis und Erbsen

Zutaten

100 g Soja-Ragout
1 Hokaidokürbis (ca. 1,2 kg)
600 g Erbsen (Tiefkühl)
2 mittelgroße Steinpilze (ersatzweise 2 leicht gehäufte Eßl. getrocknete Steinpilze)
2 mittelgroße Zwiebeln
300 ml süße Sahne
2 Eßl. Sojasoße
50 g Brabu
40 g Butter
1 großer Bund Petersilie
Gemüseconsommé
weißer Pfeffer

Zubereitung

❍ Den geputzten, ungeschälten Kürbis in sprudelnd kochendes Wasser setzen
❍ 5 Minuten leicht köchelnd angaren
❍ Halbieren, das Kerngehäuse entfernen, in Würfel teilen
❍ Würzen mit Gemüseconsommé und Pfeffer
❍ In wenig Wasser noch 5 Minuten garen
❍ 20 g Butter unterheben
❍ Die Petersilie grob hacken
❍ Die Hälfte davon unter die Kürbiswürfel mischen

❍ Das Ragout mit kochend heißem Wasser übergießen

❍ 20 Minuten quellen lassen
❍ Gut abtropfen
❍ In 30 g Brabu von allen Seiten gut anbraten
❍ Die Zwiebel fein würfeln und in 10 g Brabu hellbraun braten
❍ Die Steinpilze fein würfeln (oder die getrockneten Steinpilze in kaltem Wasser 20 Minuten quellen lassen, dann gut abtropfen)
❍ In 10 g Brabu kurz anbraten
❍ Alles zusammenmischen
❍ Würzen mit Gemüseconsommé, Pfeffer und der Sojasoße
❍ Die Sahne dazugeben
❍ Bei kleinster Flamme und geschlossenem Deckel 10 Minuten köcheln lassen
❍ Vor dem Anrichten die restliche Petersilie untermischen

❍ Die Erbsen würzen mit Gemüseconsommé und Pfeffer
❍ In wenig Wasser 1 Minute köcheln lassen
❍ Abtropfen
❍ 20 g Butter unterrühren

Extra-Tip

Dazu oder davor empfehle ich einen gemischten Blattsalat in Sauerrahm-Dressing mit Balsamico.
(Dressings ab Seite 224)

Trennkost-Tip

Dieses Gericht ist eine *Eiweißmahlzeit*.

Soja-Ragout

Pfifferling-Ragout mit grünem Blumenkohl

Zutaten

80 g Soja-Ragout

400 g frische Pfifferlinge

1 grüner Blumenkohl (ca. 1 kg)

3 mittelgroße Zwiebeln

80 g Brabu

30 g Butter

150 ml süße Sahne

1 Bund Petersilie

Gemüseconsommé

weißer Pfeffer

Zubereitung

❍ Das Ragout mit kochend heißem Wasser übergießen
❍ 20 Minuten quellen lassen
❍ Abtropfen
❍ In 30 g Brabu von allen Seiten gut anbraten
❍ Die Zwiebeln fein würfeln
❍ In 20 g Brabu hellbraun rösten
❍ Mit 1 Tasse Wasser begießen und einkochen
❍ Noch dreimal 1 Tasse Wasser zugießen und jeweils einkochen, bis kein Wasser mehr in der Pfanne ist
❍ Die Zwiebeln zu dem Ragout mischen
❍ Die Sahne einfüllen
❍ Würzen mit Gemüseconsommé und Pfeffer
❍ Alles 15 Minuten köcheln lassen

❍ Die Pfifferlinge in 30 g sehr heißer Brabu nur etwa 5 Minuten braten lassen
❍ Würzen mit Gemüseconsommé und Pfeffer

❍ Die Pfifferlinge vermischen mit dem Ragout
❍ Die Petersilie hacken, unterheben
❍ Bei geschlossenem Deckel auf ausgestellter Flamme noch einige Minuten Aroma nehmen lassen

❍ Den Blumenkohl würzen mit Gemüseconsommé und Pfeffer
❍ In wenig Wasser garen
❍ Die Butter über den Blumenkohl schmelzen lassen

Extra-Tip

Für dieses Rezept kann statt des grünen Blumenkohls auch weißer Blumenkohl verwendet werden.

Trennkost-Tip

Dieses Gericht ist eine *Eiweißmahlzeit*.

Soja-Ragout

Ragout-Gemüse-Curry indisch

Zutaten

100 g Soja-Ragout

1 heller Hokaidokürbis (ca. 500 g)

1 Blumenkohl (ca. 1 kg)

200 g Erbsen (Tiefkühl)

3 große Fleischtomaten

1 Bund Frühlingszwiebeln

1 Knoblauchzehe

150 g Joghurt

60 g Brabu

10 g geriebene Kurkumawurzeln (ersatzweise Pulver)

30 g frische Ingwerwurzeln (ersatzweise kleine Menge getrocknet)

1 leicht gehäufter Teel. gemahlener Kreuzkümmel

1 gehäufter Eßl. gehackter Koriander

1 Teel. Garam Masala

1 leicht gehäufter Eßl. Panch Foron (5-Gewürz-Mischung)

2 frische Chilischoten (ersatzweise 1 getrocknete Chilischote)

Gemüseconsommé

2 leicht gehäufte Teel. Paprikapulver mild

Algen-Kräuter-Salz

weißer Pfeffer

Extra-Tip

Wer es weniger scharf mag, entfernt das Mark der Chilischote vor dem Hacken.

Trennkost-Tip

Dieses Gericht ist eine *Eiweißmahlzeit*.

Zubereitung

○ Das Ragout mit kochend heißem Wasser übergießen
○ 20 Minuten quellen lassen
○ In 40 g Brabu von allen Seiten anbraten
○ Die Frühlingszwiebeln in Ringe schneiden
○ In der restlichen Brabu gut durchbraten, bis sie Farbe nehmen
○ Knoblauch durch eine Presse geben, kurz mitbraten
○ Zwiebel-Knoblauch mit dem Ragout vermischen
○ Würzen mit Panch Foron, Gemüseconsommé und Pfeffer

○ Den Blumenkohl in Röschen teilen
○ Die Tomaten häuten und in Stücke schneiden
○ Den Kürbis in sprudelndes, kochendes Wasser stellen und 5 Minuten köcheln lassen
○ Halbieren, das Kerngehäuse entfernen, grob würfeln
○ Blumenkohlröschen und Kürbis in wenig Wasser garen
○ Die Ingwerwurzeln und die Kurkumawurzel sowie die Chilischoten fein hacken
○ Die Tomatenstücke am Schluß 10 Minuten mitköcheln lassen
○ Die Erbsen am Schluß dazugeben und ebenfalls 2 Minuten mitköcheln lassen
○ Alle Gewürze untermischen
○ Abschmecken mit Gemüseconsommé und Pfeffer
○ Erst direkt vor dem Anrichten das Ragout unterheben

Soja-Ragout

Soja-Ragout

Soja-Ragout

Porreeauflauf mit Tofukruste und Kürbisgemüse, dazu Porree-Sahnesuppe

Zutaten

100 g Soja-Ragout
800 g jungen Porree (Lauch)
1 Hokaidokürbis (ca. 1 kg)
1 Bund Frühlingszwiebeln
250 g Schafskäse
3 kleine Eier
8 Eigelb
150 g Schmand
250 ml süße Sahne
2 Eßl. Sojasoße
70 g Brabu
1 gestrichener Teel. Muskat
1 gestrichener Teel. Rosmarinpulver
Gemüseconsommé
weißer Pfeffer

Zubereitung

- Den Kürbis gut geputzt, doch ungeschält in sprudelnd kochendes Wasser stellen
- 5 Minuten garen
- Halbieren und das Kerngehäuse herausnehmen
- In ca. 2 cm große Würfel schneiden

- Das Ragout mit kochend heißem Wasser übergießen
- 20 Minuten quellen lassen
- Gut abtropfen, in 30 g Brabu von allen Seiten gut anbraten
- Mit Gemüseconsommé, Pfeffer und dem Rosmarinpulver würzen
- 150 g Schafskäse zerdrücken, untermischen
- Die Zwiebeln in grobe Ringe schneiden
- In 20 g Brabu gut durchbraten
- Die Hälfte davon in das Ragout geben
- 3 Eier verquirlen, einrühren
- Unregelmäßige Rösteln formen
- In 40 g Brabu von allen Seiten knusprig braten

- Die weiße Hälfte des Porrees in gleich lange Stücke schneiden
- Mit Gemüseconsommé und etwa der Hälfte des Muskats in wenig Wasser garen
- Abtropfen lassen
- Den grünen Teil der Porreestangen zur Seite stellen
- Eine Auflaufform mit 10 g Brabu ausfetten
- Die Lauchstangen einschichten
- Die gebratenen Zwiebeln einstreuen
- 5 Eigelb, den Schmand und 150 ml Sahne verquirlen
- Würzen mit Gemüseconsommé, Pfeffer und 2/3 von dem Muskat
- Den Rest des Schafskäse zerdrücken und dazugeben
- Die Soße über den Porree geben

Im Ofen 40 Minuten bei 200° C backen

- Den restlichen Teil des Porrees in Streifen schneiden
- In der restlichen Brabu braten
- Aufgießen mit 1/2 l Wasser
- Würzen mit Gemüseconsommé und Pfeffer und dem Rest des Muskats
- 3 Eigelb mit der restlichen Sahne verquirlen, unterrühren
- Auf ausgestellter Flamme die Suppe unter Rühren eindicken lassen (nicht kochen)

Extra-Tip

Dieses Menü ist etwas aufwendig, aber das Ergebnis lohnt die Arbeit. Statt Kürbis kann auch Reis verwendet werden.

Trennkost-Tip

Dieses Gericht ist ohne Reis eine *Eiweißmahlzeit*.

Soja-Ragout

Zwiebelragout mit Sesam-Selleriewürfeln und Crème-fraîche-Karotten

Zutaten

100 g Soja-Ragout
800 g junge Sellerieknollen
600 g Karotten
150 g junge Erbsen (Tiefkühl)
1 Bund Frühlingszwiebeln
1 Knoblauchzehe
50 g Sesamkörner
2 Eier
500 ml Milch
2 leicht gehäufte Eßl. Crème fraîche
1 Eßl. Sojasoße
60 g Brabu
Gemüseconsommé
Algen-Kräuter-Salz
weißer Pfeffer

Zubereitung

○ Das Ragout mit kochend heißem Wasser übergießen
○ 20 Minuten quellen lassen
○ Gut abtropfen
○ Würzen mit Gemüseconsommé, Pfeffer und Algen-Kräuter-Salz
○ In 30 g Brabu von allen Seiten gut anbraten
○ Die Erbsen einrühren
○ 2 Minuten mitbraten
○ Die Crème fraîche unterheben

○ Die Frühlingszwiebeln in Ringe teilen
○ In 10 g Brabu zartbraun braten
○ Die Knoblauchzehe durch eine Presse geben und am Schluß kurz mitbraten

○ 2/3 der Zwiebel-Knoblauchmischung unter das Ragout heben

○ Den Sellerie würfeln und in der Milch garen, abtropfen
○ Rundum würzen mit Gemüseconsommé, Algen-Kräuter-Salz und Pfeffer
○ Die Eier mit der Sojasoße verrühren
○ Die Selleriewürfel darin wenden
○ Mit den Sesamkörnern panieren
○ 20 g Brabu in der Pfanne erhitzen
○ Die Würfel darin auf mittlerer Flamme von allen Seiten goldbraun braten

○ Die Karotten in gleichmäßige Scheiben schneiden
○ Würzen mit Gemüseconsommé und Pfeffer
○ In wenig Wasser garen
○ Abtropfen
○ 1/3 der Zwiebel-Knoblauchmischung daruntermischen

Extra-Tip

In Sesam gebratene Selleriewürfel ohne Beilagen eignen sich gut zum kleinen sättigenden Snack für zwischendurch.

Trennkost-Tip

Dieses Gericht ist eine *Eiweißmahlzeit*.

Soja-Ragout

Soja-Ragout

Soja-Ragout

Wirsingrollen mit Kürbisgemüse und Grilltomate

Zutaten

100 g Soja-Ragout	
1 Wirsingkohl (ca. 1 kg)	
1 Hokaidokürbis (ca. 1,5 kg)	
200 g Austernpilze (ersatzweise Champignons)	
6 mittelgroße, vollreife Fleischtomaten	
2 große Zwiebeln	
250 g Schafskäse	
4 Eigelb	
150 g Crème fraîche	
12 Eßl. Olivenöl	
Gemüseconsommé	
schwarzer Pfeffer	

Zubereitung

○ Den Kohl in wenig Wasser etwa 20 Minuten garen
○ 16 äußere Blätter ablösen
○ Vom Inneren des Kohlkopfes 200 g grob raspeln, den Rest in Streifen schneiden
○ Die Kohlraspeln in 2 Eßl. Öl kurz von allen Seiten anbraten, abtropfen

○ Den gut geputzten, ungeschälten Kürbis in sprudelnd kochendes Wasser setzen
○ 5 Minuten köcheln lassen
○ Halbieren und entkernen
○ 100 g davon grob raspeln
○ Den Rest in 3 cm große Würfel teilen
○ Die Zwiebeln in mittelfeine Würfel schneiden
○ In 2 Eßl. Öl hellbraun braten

○ Die Kürbiswürfel in einen Topf geben
○ Würzen mit Gemüseconsommé und Pfeffer
○ In wenig Wasser garen, abtropfen
○ Die Hälfte der gebratenen Zwiebeln unter die Kürbiswürfel heben

○ Das Ragout mit kochend heißem Wasser übergießen
○ 20 Minuten quellen lassen
○ Gut abtropfen
○ In 2 Eßl. Öl von allen Seiten gut anbraten
○ Die Austernpilze grob hacken
○ In 2 Eßl. Öl kurz scharf anbraten
○ 2 Tomaten häuten und in kleine Würfel teilen
○ 150 g Schafskäse mit der Gabel zerdrücken
○ Von den restlichen gebratenen Zwiebeln 1 Eßl. zur Seite stellen
○ Ragout und Pilze mit den restlichen Zwiebeln vermischen
○ Die Kürbisraspeln und die Kohlraspeln dazugeben
○ Würzen mit Gemüseconsommé und Pfeffer
○ Crème fraîche und das Eigelb untermischen

○ Die Rippen von den 16 Wirsingblättern flachschneiden
○ Jeweils 2 Blätter versetzt übereinanderlegen
○ Füllen mit je 1/8 der Ragoutmischung
○ Zusammenrollen
○ Eventuell mit einem Spieß zusammenhalten
○ Rundum mit 4 Eßl. Öl bestreichen
○ In einem weiten, flachen Topf bei mittlerer Hitze von allen Seiten gut anbraten
○ Den Topfdeckel schließen und bei kleinster Flamme 45 Minuten lang garen

○ Von den Tomaten das obere Drittel abschneiden
○ Diese Deckel häuten und mit einer Gabel zerdrücken
○ Tomatensaft davon abgießen
○ Das Tomatenpürree mischen mit dem restlichen Schafskäse und dem Eßl. der gebratenen Zwiebeln
○ Abschmecken mit Gemüseconsommé und Pfeffer
○ Auf die Tomaten häufen

Im Ofen bei 200° C 20 Minuten lang überbacken.

Extra-Tip

Statt des Kürbisgemüse passen auch sehr gut Salzkartoffeln.

Trennkost-Tip

Dieses Gericht ist ohne Kartoffeln eine *Eiweißmahlzeit*.

Soja-Schnetzel

Soja-Schnetzel

Gut zubereitet läßt sich dieses Produkt mit zartem Rindfleisch vergleichen. Und genauso kann es verwendet werden:

- Als Geschnetzeltes im Verein mit Pilzen
- Mit Zwiebeln als Gulasch
- In Suppen
- Als Fleischeinlage für Eintöpfe
- In Sauerkraut
- Für Füllungen
- Mit nahezu allen Gemüsesorten, z.B. Erbsen, Paprikaschoten, Porree kann es sensationell gut schmecken
- Als knackige Kruste für Aufläufe
- Einfach nur knusprig gebraten und gut gewürzt zum Knabbern

Ein ganz wichtiger Tip ist, daß Schnetzel vor der Verarbeitung für das gewünschte Gericht unbedingt vorgequollen und dann angebraten werden müssen. Erst die entstehenden Röststoffe lassen die Geschmacks-Täuschung echt erscheinen. Es läßt sich dann von unbefangenen Gästen wie ein Fleischgericht verzehren. Eine gute Sojasoße trägt sehr dazu bei, diesem Produkt den herzhaften Hauch zu verleihen. Neben den anderen Soja-Fleischsorten bietet sich hier eine recht deftige Variante, die einen "kräftigen Biß" hat und eher in die "Rindfleischrichtung" weist, was die Zubereitungsmöglichkeit anbetrifft.
Wie bei den anderen Soja- und Tofusorten kommt es für die angestrebten Geschmacksrichtungen auf die richtige Würze an.
Es lohnt sich, hier einmal abenteuerlich zu sein und Gewohntes wie Exotisches mutig zu variieren. Du wirst Dich über jedes Ergebnis einfach nur wundern. Vor allen Dingen wirst Du Dich fragen, weshalb die Nachricht von der Möglichkeit so exzellenter und schmackhafter Nährstoffversorgung bislang noch nicht zu Dir vorgedrungen ist.
Also – munter ausprobiert, damit Abwechslung auf den Tisch kommt!

Wichtiger Zubereitungs-Tip

Schnetzel als Trockenprodukt müssen vor der Zubereitung ca. 30 Minuten quellen. Dafür mit kochend heißem Wasser übergießen. Dann gut abtropfen und in Brabu oder in gutem Olivenöl von allen Seiten anbraten. Allerdings bräunt Soja beim Braten nur wenig. Es kann vor dem Braten oder auch später gewürzt werden. Nach dem Braten muß Soja in etwas Flüssigkeit kochen. Das kann Sahne sein, Gemüsebrühe, Tomatensaft, Weißwein, Crème fraîche o.a.

Soja-Schnetzel

Sahnegeschnetzeltes mit Karottenflan und Erbsen

Zutaten

100 g Soja-Schnetzel
200 g Champignons
400 g junge Karotten
300 g Erbsen (Tiefkühl)
2 große Zwiebeln
1 Knoblauchzehe
8 Eigelb
250 ml süße Sahne
2 Eßl. Sojasoße
110 g Brabu
30 g Butter
4 Stiele Petersilie
Gemüseconsommé
weißer Pfeffer aus der Mühle

Zubereitung

○ Die Soja-Schnetzel mit kochend heißem Wasser übergießen
○ 30 Minuten quellen lassen, gut abtropfen
○ In 30 g Brabu von allen Seiten gut anbraten
○ Die Champignons in dünne Scheiben schneiden
○ In 20 g Brabu rasch anbraten
○ Die Zwiebeln fein würfeln
○ In 20 g Brabu hellbraun braten
○ Alles mitsamt 100 ml Wasser und 150 ml Sahne in einen Topf geben
○ Würzen mit Gemüseconsommé und Pfeffer und der Sojasoße
○ Auf kleinster Flamme 1 Stunde köcheln lassen
○ Am Schluß den Deckel abnehmen, damit die Flüssigkeit sich reduziert
○ Die Blätter von 2 Stielen Petersilie fein hacken, untermischen

○ Die Karotten in wenig Wasser sehr weich kochen, abtropfen
○ Im Mixer pürieren
○ Mit dem Schneebesen die restliche Sahne und das Eigelb darin verrühren
○ Würzen mit Gemüseconsommé und Pfeffer
○ Die Knoblauchzehe durch eine Presse geben und dazumischen
○ 8 Timbalförmchen mit je 5 g Brabu ausfetten
○ Das Karottenmus bis kurz unter den Rand einfüllen.
○ Die Formen auf einem Handtuch auf der Arbeitsplatte aufklopfen, damit die entstandenen Bläschen nach oben steigen

○ Kochendes Wasser in eine Auflaufform gießen
○ Die Förmchen hineinsetzen (das Wasser muß bis unter den Rand reichen)
Im Ofen bei ca. 180° C 20 Minuten garen

○ Die Erbsen mit wenig Gemüseconsommé und Pfeffer würzen
○ In wenig Wasser auftauen und nur 2 Minuten köcheln lassen
○ Abtropfen und die Butter untermischen

○ Die restliche Petersilie von den Stielen zupfen und auf die einzelnen Portionen dekorieren

Extra-Tip

Dazu schmeckt Naturreis. Es paßt ein Endiviensalat in Crème fraîche-Basilikum-Dressing. (Dressings ab Seite 224)

Trennkost-Tip

Ohne Reis ist dieses Gericht eine *Eiweißmahlzeit*.

Soja-Schnetzel

Soja-Schnetzel

Soja-Schnetzel

Kürbis-Kohl-Schnetzelauflauf

Zutaten

- 100 g Soja-Schnetzel
- 1 Hokaidokürbis (ca. 1 kg)
- 1 kleiner Weißkohl
- 3 vollreife Fleischtomaten
- 4 mittelgroße Zwiebeln
- 1 Knoblauchzehe
- 250 g junger Gouda
- 4 Eigelb
- 250 ml süße Sahne
- 150 g Joghurt
- 150 g Crème fraîche
- 70 g Brabu
- Gemüseconsommé
- 1 leicht gehäufter Eßl. gemahlener Kreuzkümmel
- 1 gestrichener Eßl. Oregano
- weißer Pfeffer aus der Mühle

Zubereitung

- Die Soja-Schnetzel mit kochend heißem Wasser übergießen
- 30 Minuten quellen lassen
- Gut abtropfen
- Würzen mit Gemüseconsommé und Pfeffer
- In 30 g Brabu von allen Seiten kräftig anbraten
- 150 ml Sahne zugießen
- Bei geschlossenem Deckel 10 Minuten bei kleinster Flamme köcheln lassen

- Den gut geputzten, ungeschälten Kürbis in sprudelnd kochendes Wasser setzen und 5 Minuten köcheln lassen
- Halbieren und entkernen
- In 2 cm große Würfel teilen

- Den Weißkohl grob hobeln
- Würzen mit Gemüseconsommé, Pfeffer und Kreuzkümmel
- In wenig Wasser garen (muß noch knackig sein)
- Abtropfen

- Die Zwiebeln grob würfeln, in 20 g Brabu hellbraun braten
- Die Knoblauchzehe durch eine Presse geben
- Zum Schluß kurz mitbraten lassen

- Eine Auflaufform mit 20 g Brabu ausfetten
- Die Hälfte der Zwiebeln mit Gemüseconsommé und etwas Pfeffer würzen
- Unter die Kürbiswürfel mischen
- Mit der Hälfte davon die Auflaufform belegen
- Den Weißkohl darüber füllen

- 50 g gut gekühlten Gouda raspeln
- Mit dem Joghurt, 100 ml Sahne und 2 Eigelb vermischen
- Würzen mit Gemüseconsommé und Pfeffer
- Über das Weißkraut füllen

- Die Tomaten in dicke Scheiben schneiden und darüber schichten
- Bestreuen mit etwas Gemüseconsommé, Pfeffer und dem Oregano
- Die zweite Hälfte der Zwiebel-Kürbiswürfel darübergeben

- Den restlichen Gouda fein würfeln
- Die restlichen gebratenen Zwiebeln unter die Soja-Schnetzel mischen
- Crème fraîche, 2 Eigelb und den Gouda unter die Schnetzel rühren
- Den Auflauf damit bedecken

Im Ofen bei 180° C 60 Minuten backen

Extra-Tip

Dazu oder davor schmecken gebratene Tomatenscheiben mit Oregano.

Trennkost-Tip

Dieses Gericht ist eine *Eiweißmahlzeit*.

Sojetten

Sojetten

Diese Sojasorte ist hell und sieht verarbeitet etwa so aus wie Geflügelfleisch, das durch den Fleischwolf gedreht wurde.

Auch mit diesem nahezu geschmacksneutralen Sojagranulat sind den Zubereitungsmöglichkeiten keine Grenzen gesetzt. Es eignet sich:

○ Als Füllungen in Paprika und Tomaten

○ Für Haschee mit Gemüse

○ In Aufläufen

○ Für knusprige Bratlinge als Hit zu jeder Party

○ In Crêpes

○ Als Puffer oder Plinsen mit Beilagen

○ In Kombination mit nahezu jedem Gemüse

○ Als Kruste über Gratins

○ In Rouladen

○ In Crêpes

Die etwas grobere Struktur dieses Produktes stellt eine echte Herausforderung an die Hobbyköche dar. Gänzlich neue Ideen können ermöglicht werden.
Die beim Braten entstehenden Röststoffe lassen die Geschmacks-Täuschung echt erscheinen. Wie auch bei den anderen Sojasorten trägt eine gute Sojasoße sehr dazu bei, diesem Produkt den herzhaften Hauch zu verleihen.

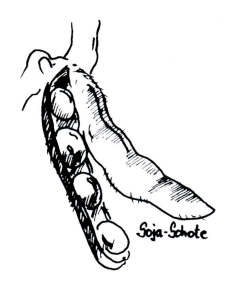

Soja-Schote

Wichtiger Zubereitungs-Tip

Sojetten als Trockenprodukt müssen vor der Zubereitung ca. 20 Minuten quellen. Dafür mit kochend heißem Wasser übergießen. Dann in Brabu oder in gutem Olivenöl von allen Seiten anbraten. Allerdings bräunt Soja beim Braten nur wenig. Es kann vor dem Braten oder auch später gewürzt werden.

Sojetten

Sojetten mit Austernpilzhaschee und grünen Bohnen

Zubereitung

○ Sojetten mit 200 ml kochend heißem Wasser übergießen
○ 20 Minuten quellen lassen
○ In 3 Eßl. Öl von allen Seiten gut anbraten
○ Würzen mit Gemüseconsommé und Pfeffer

○ Die Frühlingszwiebeln in grobe Ringe schneiden
○ In 2 Eßl. Öl garen
○ 1/4 von den Zwiebeln zu den Sojetten mischen

○ Die Pilze in 3 cm große Stücke schneiden
○ Würzen mit Gemüseconsommé, Pfeffer und dem Rosmarinpulver
○ In 2 Eßl. Öl von beiden Seiten gut anbraten
○ 1/4 von den Zwiebeln zu den Pilzen mischen
○ Die Tomate in kleine Würfel teilen und dazurühren
○ Alles etwa 10 Minuten leicht köcheln lassen

○ Die Bohnen mit Gemüseconsommé und Pfeffer würzen
○ In wenig Wasser garen
○ Abgießen und mit 2 Eßl. Öl vermischen
○ Die Knoblauchzehen durch eine Presse geben
○ In 1 Eßl. Öl goldbraun braten
○ Die restlichen, bereits gebratenen Frühlingszwiebeln noch einmal kurz mitbraten
○ Knoblauch und Zwiebeln über die Bohnen geben

Zutaten

100 g Sojetten

500 g Austernpilze

500 g grüne Bohnen (Tiefkühl)

1 große Fleischtomate

1 Bund Frühlingszwiebeln

2 Knoblauchzehen

150 g Crème fraîche

9 Eßl. Olivenöl

1 gestrichener Teel. Rosmarinpulver

Gemüseconsommé

weißer Pfeffer

Extra-Tip

Davor empfiehlt sich ein Grüne-Bohnen-Salat aus Milchgesäuertem.

Trennkost-Tip

Dieses Gericht ist eine *Eiweißmahlzeit*.

Sojetten

Sojettenpuffer mit Selleriescheiben und Karotten

Zutaten

100 g Sojetten
1000 g junge Sellerieknollen
600 g Karotten
1 große Zwiebel
100 g mittelalter Gouda
3 Eigelb
3 kleine Eier
500 ml Milch
200 ml süße Sahne
110 g Brabu
20 g Butter
1 Bund Petersilie
Gemüseconsommé
Algen-Kräuter-Salz
weißer Pfeffer

Zubereitung

○ 800 g von dem Sellerie in fingerdicke Scheiben schneiden
○ In der Milch 10 Minuten köcheln lassen, abtropfen
○ Würzen mit dem Algen-Kräuter-Salz und Pfeffer
○ In 40 g Brabu von beiden Seiten goldbraun braten

○ Die Karotten längs vierteln
○ Würzen mit Gemüseconsommé und Pfeffer
○ In wenig Wasser garen, abtropfen
○ Mit der Butter überschmelzen
○ Die Petersilie hacken und 1/3 davon unterheben

○ Die Sojetten mit 200 ml kochend heißem Wasser übergießen
○ 20 Minuten quellen lassen
○ Den gut gekühlten Käse raspeln
○ Die Zwiebel fein würfeln und in 20 g Brabu zartbraun braten
○ 1/3 der Petersilie, den Käse, die Zwiebeln und die 3 Eier zu den Sojetten geben
○ 200 g Sellerie grob raspeln, in 20 g Brabu von allen Seiten anbraten, dazumischen
○ Würzen mit Gemüseconsommé und Pfeffer
○ Die restliche Brabu in der Pfanne erhitzen
○ Sojettenbratlinge hineinsetzen, flachdrücken und von beiden Seiten knusprig braten

○ Die Sahne erhitzen
○ Bei kleinster Flamme das Eigelb mit einem Schneebesen einrühren
○ Etwas stocken, jedoch nicht kochen lassen
○ Würzen mit Gemüseconsommé und Pfeffer
○ Die restliche Petersilie mit einem Rührstab pürieren und in die Soße mischen

Extra-Tip

Dazu schmeckt eine Karotten-Sellerie-Rohkost mit Apfelscheiben.

Trennkost-Tip

Dieses Gericht ist eine *Eiweißmahlzeit*.

Sojetten

Sojetten

Kürbis-Tomaten-Pürree mit Sojettenhaschee, und Zucchinigemüse

Zutaten

100 g Sojetten

1 Hokaidokürbis (ca. 1 kg)

600 g Zucchini

2 große vollreife Fleischtomaten

2 mittelgroße Zwiebeln

200 ml süße Sahne

70 g Brabu

1 gestrichener Eßl. Oregano

Gemüseconsommé

weißer Pfeffer aus der Mühle

Zubereitung

○ Die Sojetten mit 200 ml kochend heißem Wasser übergießen
○ 20 Minuten quellen lassen
○ Die Sojetten in 30 g Brabu von allen Seiten gut anbraten
○ Würzen mit Gemüseconsommé und Pfeffer
○ Die Zwiebeln mittelfein würfeln und in 20 g Brabu goldbraun braten
○ Zu den Sojetten mischen
○ 100 ml Wasser, vermischt mit 100 ml Sahne, dazugeben
○ Bei geschlossenem Deckel noch 20 Minuten bei kleinster Flamme unter gelegentlichem Umrühren köcheln lassen
○ Am Schluß den Deckel öffnen, damit ein Teil der Flüssigkeit sich reduziert

○ Den geputzten, ungeschälten Kürbis in sprudelnd kochendes Wasser setzen
○ 5 Minuten leicht köchelnd angaren

○ Halbieren, das Kerngehäuse entfernen und würfeln
○ Die Tomaten abziehen, halbieren und das Innere mit einem Löffel herausnehmen
○ Das Innere aus den Tomaten und die Kürbiswürfel zusammen mit 100 ml Sahne vermischen
○ Würzen mit Gemüseconsommé und Pfeffer
○ Sehr weich garen, pürieren

○ Die Zucchini längs in Scheiben schneiden
○ Würzen mit Gemüseconsommé und Pfeffer
○ In 20 g Brabu von beiden Seiten hellbraun braten
○ Das Äußere der Tomaten klein würfeln
○ Würzen mit Gemüseconsommé und Pfeffer
○ Kurz mit den Zucchinischeiben mitbraten
○ Mit Oregano bestreuen
○ Bei geschlossenem Deckel auf kleinster Flamme 2 Minuten gemeinsam köcheln

Extra-Tip

Dazu schmeckt ein Zucchini-Tomaten-Salat.

Trennkost-Tip

Dieses Gericht ist eine *Eiweißmahlzeit*

Sojetten

Kohlrouladen mit Blumenkohlpürree

Zutaten

- 100 g Sojetten
- 1 mittelgroßer Weißkohl (ca. 1 kg)
- 1 großer Blumenkohl
- 2 mittelgroße Zwiebeln
- 100 g Schafskäse
- 2 kleine Eier
- 100 ml süße Sahne
- 150 g Crème fraîche
- 120 g Brabu
- 20 g Butter
- Gemüseconsommé
- 1 gestrichener Teel. Kümmelpulver
- weißer Pfeffer

Zubereitung

- Die Sojetten mit 200 ml kochend heißem Wasser übergießen
- 20 Minuten quellen lassen
- In 30 g Brabu von allen Seiten anbraten
- Die Zwiebeln fein würfeln
- In 20 g Brabu hellbraun braten

- Den Blumenkohl in Röschen teilen und in wenig Wasser garen
- Grob pürieren
- 2 Tassen davon zur Seite stellen
- Das Pürree würzen mit Gemüseconsommé und Pfeffer
- Die Sahne und die Butter unterheben

- Den Weißkohl in sprudelnd kochendes Wasser setzen
- 10 Minuten auf kleiner Flamme köcheln lassen, abtropfen
- 8 der äußeren Blätter ablösen und zur Seite legen
- Den inneren Kohlkopf in Stücke teilen
- In wenig Wasser garen
- Würzen mit Gemüseconsommé, Kümmelpulver und Pfeffer
- Abtropfen
- In 20 g Brabu von allen Seiten anbraten
- 75 g Crème fraîche unterrühren

- Die Eier verrühren
- Den Schafskäse zerdrücken
- Sojetten, Zwiebeln, Eier, Schafskäse und die 2 Tassen Blumenkohl sowie 75 g Crème fraîche vermischen
- Würzen mit Gemüseconsommé und Pfeffer

- Die Kohlblätter mit wenig Gemüseconsommé würzen
- Die Füllung in die Kohlblätter rollen
- Eine Auflaufform mit 20 g Brabu ausfetten
- Die Kohlrollen einlegen
- 30 g Brabu schmelzen
- Die Rollen damit beträufeln

Im Ofen bei 180° C 60 Minuten braten

Extra-Tip

Statt des Blumenkohlpürrees kann auch ein Kartoffelpürree bereitet werden. Dazu schmeckt Weißkraut-Karotten-Salat mit Birnen.

Trennkost-Tip

Dieses Gericht ist ohne Kartoffelpürree eine *Eiweißmahlzeit*.

Sojetten

Sojetten

Sojetten

Kohlrabi-Sojetten-Haschee mit Selleriescheiben im Leinsamenmantel

Zutaten

- 80 g Sojetten
- 600 g Sellerieknollen
- 300 g Kohlrabi
- 1/2 Bund Frühlingszwiebeln
- 50 g Leinsamen
- 2 Eier
- 100 ml süße Sahne
- 500 ml Milch
- 2 gehäufte Eßl. Crème fraîche
- 1 Eßl. Sojasoße
- 70 g Brabu
- Gemüseconsommé
- 2 Msp. Muskat
- weißer Pfeffer

Zubereitung

- Die Sojetten mit 160 ml kochend heißem Wasser übergießen
- 20 Minuten quellen lassen
- Würzen mit Gemüseconsommé und Pfeffer
- In 30 g Brabu gut durchbraten
- Die Zwiebeln in Ringe schneiden
- In 10 g Brabu zartbraun braten
- Unter die Sojetten mischen
- Die Sahne und 100 ml Wasser dazugeben
- Bei geschlossenem Deckel das Haschee 20 Minuten auf kleiner Flamme köcheln lassen

- Die Kohlrabi in 1,5 cm große Würfel teilen
- Wenig von dem inneren Blattgrün fein schneiden, dazugeben
- Würzen mit Gemüseconsommé und Pfeffer und 1 Msp. Muskat
- Alles in wenig Wasser recht weich garen
- Abtropfen
- Die Crème fraîche unterheben
- Kohlrabi mit dem Sojetten-Haschee vermischen

- Den Sellerie in fingerdicke Scheiben teilen
- In der Milch nahezu gar kochen
- Gut abtropfen
- Beide Seiten würzen mit Gemüseconsommé, 1 Msp. Muskat und weißem Pfeffer
- Die Eier mit der Sojasoße verrühren
- Die Scheiben darin wenden
- Mit dem Leinsamen panieren
- In 30 g Brabu von beiden Seiten knusprig braten

Extra-Tip

Dazu schmecken Salatherzen in Sauerrahm mit Schnittlauch.

Trennkost-Tip

Dieses Gericht ist eine *Eiweißmahlzeit*.

Sojetten

Sojetten-Schafskäsekruste auf Auberginen-Kürbis-Auflauf

Zutaten

- 100 g Sojetten
- 1 Hokaidokürbis (ca. 500 g)
- 2 große Auberginen
- 4 große Fleischtomaten
- 2 mittelgroße Zwiebeln
- 250 g Schafskäse
- 2 Eier
- 150 ml süße Sahne
- 7 Eßl. Olivenöl
- 1 gehäufter Eßl. getrockneter Oregano
- Gemüseconsommé
- 2 gestr. Teel. Algen-Kräuter-Salz
- 1 gestrichener Teel. Paprikapulver scharf
- weißer Pfeffer

Zubereitung

- Den geputzten, ungeschälten Kürbis in einen Topf mit sprudelnd kochendem Wasser setzen
- 3 Minuten köcheln lassen
- Herausnehmen, halbieren
- Das Kerngehäuse entfernen und würfeln
- Würzen mit Gemüseconsommé
- Eine Auflaufform mit 2 Eßl. Öl einfetten
- Die Kürbiswürfel einschichten

- Die Tomaten in fingerdicke Scheiben schneiden und darüberlegen
- Würzen mit 1 Teel. Algen-Kräuter-Salz und 1/3 des Oregano

- Die Auberginen ungeschält in Scheiben schneiden
- Von beiden Seiten mit wenig Algen-Kräuter-Salz bestreuen
- Mit 3 Eßl. Öl bestreichen
- Von beiden Seiten anbraten
- Mit den Auberginenscheiben die Tomaten belegen

- Die Sojetten mit 200 ml kochend heißem Wasser übergießen
- 20 Minuten quellen lassen
- Den Schafskäse zerdrücken und daruntermischen
- Die Zwiebeln fein würfeln
- In 2 Eßl. Öl von allen Seiten hellbraun braten
- Ebenfalls zu der Farce geben
- Die Eier mit der Sahne verquirlen und untermischen
- Würzen mit Gemüseconsommé, etwas Pfeffer, dem Paprikapulver und dem Rest des Oregano
- Die Sojettenmischung auf die Auberginen streichen

Im Ofen bei 200° C 40 Minuten backen

Extra-Tip

Wie alle Aufläufe können die Zutaten gut vorbereitet werden und schon in die Auflaufform eingeschichtet sein. Bevor die Gäste kommen, wird der Ofen angeheizt und duftend kommt das köstliche Gericht auf den Tisch.
Dazu schmeckt Baguette. Es paßt dazu ein Rucola-Salat mit italienischem Dressing und Parmesanhobel.
(Dressings siehe Seite 224)

Trennkost-Tip

Dieses Gericht ist ohne Baguette eine *Eiweißmahlzeit.*

Sojetten

Sojetten

Sojetten

Kürbiswürfel mit Sojettenplinsen und Chicorée mit Schafskäsesahne

Zutaten

100 g Sojetten

1 Hokaidokürbis (ca. 800 g)

4 mittelgroße Chicorée

1 mittelgroße Zucchini

1 Bund Frühlingszwiebeln

3 Knoblauchzehen

200 g Schafskäse

2 große Eier

75 g Crème fraîche

70 g Brabu

1 gestrichener Teel. Rosmarinpulver

Gemüseconsommé

weißer Pfeffer aus der Mühle

Zubereitung

❍ Den geputzten, ungeschälten Kürbis in sprudelnd kochendes Wasser setzen
❍ 5 Minuten köcheln lassen
❍ Den Kürbis halbieren, das Kerngehäuse entfernen und in große Würfel schneiden
❍ Würzen mit Gemüseconsommé und Pfeffer
❍ In wenig Wasser nicht zu weich garen
❍ Abgießen
❍ Die Frühlingszwiebeln in feine Ringe schneiden
❍ In 30 g Brabu bei mittlerer Flamme hellbraun braten
❍ 1/3 davon unter die Kürbiswürfel heben

❍ Die Sojetten mit 200 ml kochendem Wasser übergießen
❍ 20 Minuten quellen lassen
❍ 150 g Schafskäse zerdrükken
❍ Die Zucchini raspeln und in 10 g Brabu kurz anbraten
❍ Alles vermischen
❍ 1/3 der gebratenen Frühlingszwiebeln und die Eier dazugeben
❍ 1 Knoblauchzehe durch die Presse geben und ebenfalls einrühren
❍ Würzen mit Gemüseconsommé und Pfeffer sowie der Hälfte des Rosmarinpulvers
❍ Flache Plinsen in 30 g Brabu von beiden Seiten goldbraun braten

❍ Den Strunk der Chicorée kegelförmig herausschneiden
❍ Die Chicorée mit heißem Wasser bedecken, mit Gemüseconsommé und Pfeffer zu einer kräftigen Brühe würzen
❍ 2 Knoblauchzehen schälen, halbieren und dazugeben
❍ Leicht köchelnd recht weich garen
❍ Gut abtropfen, halbieren

❍ 50 g Schafskäse fein zerdrücken
❍ Mit der Crème fraîche verrühren
❍ Die restlichen gebratenen Zwiebeln dazugeben
❍ Würzen mit Gemüseconsommé, Pfeffer und dem Rest des Rosmarinpulvers
❍ Diese Soße erwärmen, nicht kochen

Extra-Tip

Dazu empfehle ich einen Chicorée-Salat mit Dickmilchdressing und Orangenstückchen. (Dressings ab Seite 224)

Trennkost-Tip

Dieses Gericht ist eine *Eiweißmahlzeit*

Soja mit Tofu

Champignon-varianten gefüllt mit Tofu und Soja

Als Vorspeisen, Zwischengerichte oder Partysnacks

Zutaten

20 g Soja-Schnetzel

20 g Soja-Hack

100 g Räuchertofu (weiche Sorte)

100 g Tofu natur (weiche Sorte)

16 große Steinpilz-Champignons

4 Knoblauchzehen

2 Frühlingszwiebeln

2 Schalotten

1 mittelgroße, vollreife Fleischtomate

1 grüne Paprikaschote

1 Ei

2 Eigelb

30 g Schafskäse

50 g junger Gouda

30 g Mozzarella

1 gehäufter Eßl. Mascarpone

50 ml süße Sahne

1 gehäufter Eßl. Crème fraîche

8 Eßl. Olivenöl

2 gehäufte Teel. Semmelbrösel

1 Zweig Rosmarin

1 gestrichener Teel. getrockneter Oregano

1 gestrichener Teel. Basilikum

1 gestrichener Teel. Kräuter der Provence

Gemüseconsommé

1 Msp. Paprikapulver scharf

1 Msp. Paprikapulver mild

weißer Pfeffer aus der Mühle

Zubereitung

○ Die Champignons von den Stielen befreien
○ Von allen Seiten mit 2 Eßl. Öl bestreichen
○ Mit der Unterseite nach oben legen
○ Würzen mit Gemüseconsommé und Pfeffer

1. Füllung
○ Die Schnetzel mit kochend heißem Wasser übergießen
○ 30 Minuten quellen lassen
○ Gut abtropfen
○ 1 Frühlingszwiebel fein hacken und in 1 Eßl. Öl goldbraun braten
○ 1 Knoblauchzehe durch die Presse geben und am Schluß mitbraten
○ Zwiebeln und Knoblauch zu den Schnetzeln mischen
○ Die Sahne dazugießen
○ 20 Minuten auf kleinster Flamme köcheln lassen
○ Würzen mit Gemüseconsommé, dem von den Stielen gestreiften Rosmarin und Pfeffer
○ 20 g Gouda fein würfeln
○ Unter die heißen Schnetzel mischen
○ Mit dieser Mischung 4 Champignons befüllen

2. Füllung
○ Das Soja-Hack in 40 ml heißem Wasser 30 Minuten quellen lassen
○ In 1 Eßl. Öl von allen Seiten anbraten
○ 30 g gut gekühlten Gouda raspeln
○ Die Schalotten fein würfeln und in 1 Eßl. Öl hellbraun braten
○ Die Paprikaschote fein würfeln
○ In 1 Eßl. Olivenöl von allen Seiten anbraten
○ Den Käse und die Hälfte der Schotenwürfel mitsamt einem Ei unter das Hack mischen
○ Die Schalottenwürfel dazugeben
○ Die Mascarpone einrühren
○ Würzen mit Gemüseconsommé, dem Paprikapulver und dem Oregano
○ Mit dieser Mischung 4 Champignons füllen

3. Füllung
○ Den Tofu natur mit der Gabel zerdrücken
○ Schafskäse fein zerbröseln
○ Die Tomate häuten, in kleine Würfel teilen und abtropfen
○ 1 Frühlingszwiebel in feine Ringe schneiden und in 1 Eßl. Öl hellbraun braten
○ 1 Knoblauchzehe durch die Presse geben und am Schluß mitbraten
○ 1 Teel. Semmelbrösel vermischen mit dem Tofu natur, 1 Eigelb, dem Schafskäse und der Hälfte der Tomatenwürfel
○ Würzen mit Gemüseconsommé, Pfeffer und dem Basilikum
○ Mit dieser Mischung 4 Champignons befüllen

4. Füllung
○ Den geräucherten Tofu sowie den Mozzarella in feine Würfel schneiden
○ Vermischen mit dem Rest der Paprikawürfel und dem Rest der Tomatenwürfel
○ 1 Eigelb und 1 Teel. Semmelbrösel darunterrühren
○ Mit der Crème fraîche vermischen
○ Würzen mit Gemüseconsommé, Pfeffer und den

Soja mit Tofu

Kräutern der Provence
○ Mit dieser Mischung
4 Champignons befüllen

○ Ein Backblech mit
Backpapier belegen
○ Die Champignons daraufsetzen, mit dem restlichen Öl
beträufeln

*Im Ofen bei 200° C
25 Minuten backen*

Extra-Tip

Dazu empfiehlt sich
Baguette.
Diese Varianten sind
herrliche Partysnacks.
Die Champignons können
vorbereitet sein,
werden mit einer Folie
abgedeckt und erst
beim Eintreffen der Gäste
zum Backen in den Ofen
geschoben.

Trennkost-Tip

Ohne Baguette sind die
Schnetzel- und Hack-
Champignons **Eiweiß-
gerichte**. Als Beilage empfehle ich Selleriemus.
(Rezept siehe Seite 226)
Die Tofu-Zubereitungen
gelten trotz geringer
Mengen gekochter
Tomaten und
Semmelbrösel als **neutral**.

Kichererbsenmehl

Kichererbsenmehl

Kichererbsenmehl, von uns salopp "Kicher-mehl" genannt, ist eine schöne Geschmacksbereicherung des Speiseplans und bietet allerlei Zubereitungsmöglichkeiten. Es lassen sich daraus gut schmeckende Beilagen zaubern, die an Stelle von Nudeln oder anderen Getreideprodukten serviert werden können.
Und sie schmecken deutlich anders.

Kichermehl ist noch dazu ein wertvoller Proteinlieferant und reich an unverdaubaren Kohlenhydraten, die unserem Verdauungstrakt als Ballaststoffe dienen. Wichtig ist mir jedoch besonders, mit dem Kichermehl ein Produkt vorstellen zu können, das in der Kombination mit Fleisch oder im Verein mit Obst weitaus bekömmlicher ist als Getreide oder Kartoffeln.

Eine zusätzliche Genuß-Variante also, mit der sich so manches Gericht geradezu "aufpeppen" läßt.
Absolut köstlich munden z.B. die Crêpes aus Kichermehl, die ich Dir in herzhaften und süßen Varianten vorstelle.
Soßen kann man mit diesem Mehl hervorragend andicken.
Ja, sogar Mehlschwitzen lassen sich bereiten.
Das wissen besonders die Trennköstler zu schätzen, die darauf achten, daß die Zutaten einer Mahlzeit zusammenpassen und die Verdauungsarbeit nicht behindern.
Hier ist also auch für sie ein Mehl, das in die Eiweißzeit paßt.

Sehr willkommen ist allen Anwendern besonders der nussige Geschmack, der beim Anrösten/Anbraten entsteht.
Und wenn die Kichermehl-Spätzle, die kinderleicht zu bereiten sind, in Butter kurz angebraten werden: Hhmm...
Da kann ich nur sagen: Probiere mutig aus, wie köstlich das alles schmeckt.

Wichtiger Zubereitungs-Tip

Bei der Verwendung von Kichererbsenmehl ist unbedingt folgendes zu beachten: Vor der Verarbeitung sollte Kichermehl - wie anderes Mehl möglichst auch - durch ein Sieb gestrichen werden, da die kleinen Klümpchen sich nach Zugabe der Zutaten nur schwer glattrühren lassen.

Kichererbsenmehl

Kichermehl-Canneloni mit Spinat, Schafskäse und Sojetten

Zutaten

- 150 g Kichererbsenmehl
- 100 g Sojetten
- 300 g Blattspinat (evtl. Tiefkühl)
- 2 mittelgroße Zwiebeln
- 1 Knoblauchzehe
- 150 g Schafskäse
- 2 Eier
- 2 Eigelb
- 300 ml Milch
- 100 ml süße Sahne
- 2 gehäufte Eßl. Crème fraîche
- 8 Eßl. Olivenöl
- Gemüseconsommé
- weißer Pfeffer

Zubereitung

- Die Sojetten mit 200 ml kochend heißem Wasser übergießen
- 20 Minuten quellen lassen
- In 3 Eßl. Öl von allen Seiten gut anbraten
- Eine fein gewürfelte Zwiebel und die Sahne untermischen
- Die Pfanne mit einem Deckel schließen
- Das Sojetten-Zwiebel-Gemisch bei kleinster Flamme unter gelegentlichem Rühren 5 Minuten köcheln lassen
- Mit Gemüseconsommé würzen und vom Herd nehmen
- Ggf. etwas abtropfen

- Den Spinat (ggf. vorher auftauen) in einem Topf mit geschlossenem Deckel in wenig Wasser kurz aufkochen
- Gut abtropfen
- Eine Zwiebel fein würfeln
- In 2 Eßl. Öl goldbraun braten
- Den Knoblauch durch eine Presse geben und am Schluß kurz mitbraten lassen
- Würzen mit Gemüseconsommé und Pfeffer
- Die Hälfte des Schafskäses zerdrücken und zum Spinat geben

- Kichermehl in eine Schüssel sieben
- Mit der Milch und den Eiern glattrühren
- Würzen mit Gemüseconsommé und Pfeffer
- In einer beschichteten Pfanne mit jeweils etwas Öl hauchdünne Crêpes (15 cm Durchmesser) braten

- Die Crêpes mit der Spinat-Sojetten-Mischung füllen, zusammenrollen

- Eine Auflaufform mit 1 Eßl. Öl ausfetten, die Rollen einlegen
- Den restlichen Schafskäse zerdrücken und mit 4 Eßl. heißem Wasser glattrühren
- Vermischen mit dem Eigelb und der Crème fraîche
- Abschmecken mit Gemüseconsommé und Pfeffer
- Auf die Crêpe-Rollen streichen

Im Ofen bei 200° C 25 Minuten backen

Extra-Tip

Bitte darauf achten, daß die Kruste goldbraun ist. Ggf. etwas länger backen. Dazu schmeckt ein Fenchelsalat in Sauerrahm-Dressing mit Balsamico und gerösteten Kürbiskernen. (Dressings ab Seite 224)

Trennkost-Tip

Dieses Gericht ist eine *Eiweißmahlzeit*.

Kichererbsenmehl

Kichererbsenmehl

Kichererbsenmehl

Crêpes gefüllt mit Hack und Champignons

Zutaten

150 g Kichererbsenmehl

80 g Soja-Hack

200 g helle Champignons

3 mittelgroße Fleischtomaten

2 mittelgroße Zwiebeln

250 g Mozzarella

3 gehäufte Eßl. Mascarpone

2 Eier

300 ml Milch

120 g Brabu

2 Zweige Basilikum

Gemüseconsommé

schwarzer Pfeffer aus der Mühle

Extra-Tip

Alle 3 Crêpes-Variationen eignen sich hervorragend als Partysnack.
Die Füllungen können vorbereitet werden.
Die Crêpes werden warmgehalten und erst kurz vor dem Servieren gefüllt.
Dazu passen alle Salate.

Trennkost-Tip

Alle 3 Crêpes-Variationen sind *Eiweißmahlzeiten*.

Zubereitung

❍ Das Hack mit kochend heißem Wasser übergießen
❍ 30 Minuten quellen lassen
❍ In 30 g Brabu gut durchbraten
❍ Die Zwiebeln fein würfeln
❍ In 20 g Brabu hellbraun braten
❍ Die Champignons grob hacken
❍ In 10 g Brabu braten
❍ Die Tomaten abziehen und würfeln
❍ Mit der Mascarpone vermischen
❍ Basilikumblätter fein hakken
❍ Alle Zutaten zu einer Farce verarbeiten
❍ Würzen mit schwarzem Pfeffer und Gemüseconsommé
❍ 100 ml Wasser einrühren
❍ Bei geschlossenem Deckel 20 Minuten köcheln lassen
❍ Mozzarella fein würfeln und in die heiße Farce mischen

❍ Das Kichermehl in eine Schüssel sieben
❍ Mit der Milch und den Eiern glattrühren
❍ Würzen mit Gemüseconsommé und Pfeffer
❍ In 60 g Brabu Crêpes mit etwa 15 cm Durchmesser backen

❍ Das Hack in die heißen Crêpes füllen

Weitere Crêpes-Rezepte siehe nächste Seite

Kichererbsenmehl

Crêpes gefüllt mit Soja-Erbsen-Ragout

Abbildung
siehe vorhergehende Seite

Zutaten

150 g Kichererbsenmehl

80 g Soja-Ragout

100 g Erbsen (Tiefkühl)

1 Bund Frühlingszwiebeln

200 g Schafskäse

2 Eier

130 ml süße Sahne

300 ml Milch

1 gehäufter Eßl. Crème fraîche

Gemüseconsommé

130 g Brabu

1 gestrichener Eßl. Oregano

Gemüseconsommé

weißer Pfeffer aus der Mühle

Zubereitung

❍ Das Ragout mit kochend heißem Wasser übergießen und 20 Minuten quellen lassen, abtropfen
❍ In 30 g Brabu von allen Seiten anbraten
❍ Die Zwiebeln in feine Ringe schneiden
❍ In 40 g Brabu goldbraun braten
❍ Alles mit 100 ml Wasser, der Sahne und der Crème fraîche vermischen
❍ Würzen mit Gemüseconsommé, Pfeffer und dem Oregano
❍ 20 Minuten auf kleinster Flamme bei geschlossenem Deckel köcheln lassen
❍ Am Schluß den Deckel öffnen und köcheln lassen, bis die Flüssigkeit reduziert ist
❍ Die Erbsen am Schluß für 2 Minuten mitziehen lassen
❍ Den Schafskäse zerdrücken und unterheben

❍ Das Kichermehl in eine Schüssel sieben
❍ Mit der Milch und den Eiern glattrühren
❍ Würzen mit Gemüseconsommé und Pfeffer
❍ In 60 g Brabu Crêpes von ca. 15 cm Durchmesser backen

❍ Das Ragout in die heißen Crêpes füllen

Crêpes gefüllt mit Sojetten in buntem Gemüse

Abbildung
siehe vorhergehende Seite

Zutaten

150 g Kichererbsenmehl

80 g Sojetten

2 mittelgroße Karotten

1/4 mittelgroßer Blumenkohl

100 g kleine Rosenkohlköpfchen

6 Schalotten

100 g junger Gouda

2 Eier

300 ml Milch

2 geh. Eßl. Crème fraîche

110 g Brabu

Gemüseconsommé

1 Msp. Muskat

weißer Pfeffer aus der Mühle

Zubereitung

❍ Die Sojetten mit 160 ml kochend heißem Wasser übergießen und 20 Minuten quellen lassen
❍ In 30 g Brabu gut durchbraten
❍ 100 ml Wasser und die Crème fraîche dazugeben
❍ Schalotten fein würfeln
❍ Diese in 20 g Brabu hellbraun braten
❍ Zu der Soja-Farce geben
❍ Würzen mit Gemüseconsommé und Pfeffer
❍ 10 Minuten köcheln lassen

❍ Die Gemüsesorten kleinschneiden
❍ Würzen mit Gemüseconsommé und Pfeffer sowie dem Muskat
❍ In wenig Wasser garen, abtropfen
❍ Gemüse und Soja zusammenrühren
❍ Den gut gekühlten Gouda raspeln und unterheben

❍ Das Kichermehl in eine Schüssel sieben
❍ Mit der Milch und den Eiern glattrühren
❍ Würzen mit Gemüseconsommé und Pfeffer
❍ In 60 g Brabu Crêpes von ca. 15 cm Durchm. backen

❍ Die Sojettenmischung in die heißen Crêpes füllen

Kichererbsenmehl

Kichermehl-Spätzle

Zutaten

300 g Kichermehl

3 große Eier

50 g Brabu

12 Eßl. Wasser

Salz

Zubereitung

❍ Das Kichermehl in eine Schüssel sieben
❍ Mit den Eiern, dem Wasser und etwas Salz verkneten
❍ Den Teig in eine Spätzlemaschine füllen
❍ Die Spätzle in kochendes Salzwasser drücken (Alternativ: Teig portionsweise auf einem Brett dünn ausrollen und mit einem Messer in kochendes Salzwasser streichen)
❍ Nur 1 Minute köcheln lassen
❍ Mit einer Schaumkelle herausnehmen
❍ In der Brabu von allen Seiten kurz anbraten

Extra-Tip

Spätzle sind eine gute Alternative zu den herkömmlichen Teigwaren aus Getreide. In bezug auf die Bekömmlichkeit passen sie gut zu Soja & Co. Größere Spätzle benötigen eine längere Garzeit.

Trennkost-Tip

Dieses Gericht ist eine *Eiweißmahlzeit.*

Kichererbsenmehl

Kichererbsenmehl

Lasagne mit Steinpilzchampignon-Ragout

Zutaten

300 g Kichererbsenmehl
80 g Soja-Ragout
200 g Steinpilzchampignons
2 mittelgroße Zucchini
150 g Mozzarella
2 große Fleischtomaten
1 Bund Frühlingszwiebeln
2 Knoblauchzehen
4 Eier
2 Eigelb
600 ml Milch
125 ml süße Sahne
170 g Brabu
1 Msp. Rosmarinpulver
1 Bund Petersilie
Gemüseconsommé
schwarzer Pfeffer aus der Mühle

Zubereitung

○ Das Ragout mit kochend heißem Wasser übergießen
○ 20 Minuten quellen lassen, gut abtropfen
○ In 30 g Brabu von allen Seiten gut anbraten, bis sie Farbe annehmen
○ Die Steinpilzchampignons in dünne Scheiben schneiden (oder die getrockneten Steinpilze in kaltem Wasser 20 Minuten quellen lassen, dann gut abtropfen)
○ Diese 3 Minuten in 20 g heißer Brabu von allen Seiten braten
○ Die Zwiebeln in Ringe schneiden
○ In 10 g Brabu hellbraun braten
○ Die Knoblauchzehen durch eine Presse geben, am Schluß kurz mitbraten
○ Die Tomaten häuten und würfeln
○ Die Zucchini ungeschält fein würfeln und mit Gemüseconsommé bestreuen
○ In 10 g Brabu von allen Seiten anbraten
○ Die Hälfte der Zucchini für die Deko zur Seite stellen
○ Alles vermischen
○ Mit der Sahne und 100 ml Wasser 15 Minuten köcheln lassen
○ Mozzarella würfeln und unter die heiße Mischung geben
○ Würzen mit Gemüseconsommé, Pfeffer und dem Rosmarinpulver
○ Die Herdplatte auf niedrigste Flamme stellen
○ Das Eigelb einrühren
○ Unter stetigem Rühren Bindung nehmen lassen (nicht kochen)
○ Petersilie grob hacken und untermischen
○ Vom Herd nehmen

○ Das Kichermehl in eine Schüssel sieben
○ Mit der Milch und den Eiern glattrühren
○ Würzen mit Gemüseconsommé und Pfeffer
○ In 100 g Brabu dünne Crêpes braten (ca. 10 cm Durchmesser)

○ Zum Anrichten jeweils auf 1 heißes Crêpe 1 Portion Ragout schichten
○ Mit einem Crêpe bedecken
○ Eine weitere Ragoutschicht ebenfalls mit einem Crêpe bedecken

Extra-Tip

Kicher-Lasagne läßt sich mit praktisch jedem Gemüse und jeder Soja-Sorte zubereiten. Eine Dekoration aus Tomatenwürfeln und Petersilie sieht hübsch aus.

Trennkost-Tip

Dieses Gericht ist eine *Eiweißmahlzeit*.

Kichererbsenmehl

Kichermehl-Crêpes mit Himbeergeist und feinem Vanilleeis

Zutaten

- 75 g Kichererbsenmehl
- 500 g Erdbeeren
- 1 Ei
- 150 ml Milch
- 200 ml süße Sahne
- 150 g Joghurt
- 4 Eßl. Birnette
- 60 g Brabu
- 4 cl Himbeergeist
- 1 Vanilleschote
- 1 Prise Salz

Zubereitung

○ Das Kichermehl in eine Schüssel sieben
○ Mit der Milch, dem Ei, 1 Prise Salz und 1 Eßl. Birnette glattrühren
○ Crêpes von ca. 15 cm Durchmesser in der Brabu auf mittlerer Hitze backen

○ Die Erdbeeren je nach Größe halbieren oder vierteln
○ In dem Himbeergeist und 1 Eßl. Birnette nur kurz aufkochen
○ Abkühlen lassen
○ Abtropfen
○ Sahne schlagen
○ Wenn sie beginnt, fest zu werden, 2 Eßl. Birnette zufügen und steif schlagen
○ Vermischen mit dem Joghurt und dem Mark der Vanilleschote
○ Ins Eisfach stellen
○ Nach 5 Minuten mit dem Schneebesen vorsichtig umrühren
○ Erneut kalt stellen
○ Diesen Vorgang wiederholen, bis ein cremiges Eis entstanden ist

○ Die Crêpes mit den Erdbeeren füllen
○ Mit Eiskugeln servieren

Superkomfortabel läßt sich ein solches Eis in der Eismaschine bereiten.
Dann werden alle Eis-Zutaten nur eingefüllt und wenige Zeit später kann herrlich cremiges Eis entnommen werden.

Extra-Tip

Wer auf Kalorien achten will, kann für das Eis die Schlagsahne durch die gleiche Menge Joghurt ersetzen.

Trennkost-Tip

Dieses Gericht ist eine *Eiweißmahlzeit*.

Kichererbsenmehl

Kichererbsenmehl

Kichererbsenmehl

Mandelcrêpes mit Mandeleis

Zutaten

75 g Kichererbsenmehl

100 g geriebene Mandeln

30 g ganze Mandeln

1 Ei

200 ml Milch

200 g Joghurt 10 % (griechisch)

100 ml süße Sahne

1 Eßl. Honig

3 Eßl. Birnette

40 g Brabu

1 Teel. Zitronensaft

1 1/2 Vanilleschoten

2 Msp. Zimt

1 Prise Salz

Extra-Tip

Die Crêpes können auch mit Milch statt Sahne hergestellt werden
Das Eis läßt sich ebenfalls gut aus 3,5 %igem Joghurt ohne Sahne herstellen, wenn man Kalorien sparen will.

Trennkost-Tip

Dieses Gericht ist eine *Eiweißmahlzeit*.

Zubereitung

○ 50 g geriebene Mandeln in 50 ml Milch 30 Minuten quellen lassen
○ Kichermehl in eine Schüssel sieben
○ Mit den eingeweichten Mandeln, dem Mark einer 1/2 Vanilleschote, 2 Eßl. Birnette, 150 ml Milch und dem Salz vermischen
○ In 30 g Brabu kleine, dünne Crêpes backen

○ Sahne schlagen
○ Wenn sie beginnt, fest zu werden, die restlichen geriebenen Mandeln, das Joghurt, 1 Eßl. Birnette, den Zitronensaft, das Mark von 1 Vanilleschote und 1 Msp. Zimt dazugeben
○ Ins Gefrierfach stellen
○ Von Zeit zu Zeit umrühren, bis ein cremiges Eis entsteht

○ Die ganzen Mandeln mit kochendem Wasser übergießen, häuten und halbieren
○ In 10 g Brabu in der heißen Pfanne rasch von allen Seiten bräunen
○ Den Honig darübergeben und die Mandeln darin wenden
○ Abkühlen lassen
○ Die Eis-Crêpes damit garnieren
○ 1 Msp. Zimt auf dem Dessert zerstäuben

Komfortabler ist die Zubereitung in einer Eismaschine. In diese brauchen die Eis-Zutaten nur eingefüllt werden

Kichererbsenmehl

Kichermehl-Crêpes mit Himbeersahneeis

Zutaten

75 g Kichermehl

300 g Himbeeren (Tiefkühl)

150 g Joghurt 3,5 %

200 ml süße Sahne

150 ml Milch

2 Eßl. Birnette

30 g Brabu

1 Vanilleschote

1 Prise Salz

Zubereitung

○ Das Kichermehl in eine Schüssel sieben
○ Mit der Milch, dem Salz, dem Mark der Vanilleschote und 1 Eßl. Birnette glattrühren
○ In der Brabu Crêpes von 15 cm Durchmesser backen
○ In breite Streifen schneiden
○ Noch heiß daraus Nester drehen

○ Die Sahne steif schlagen
○ Die gefrorenen Himbeeren sofort mit dem Joghurt und der restlichen Birnette mischen, bis ein cremiges Sorbet entsteht
○ Die Sahne vorsichtig unterheben
○ In das Eisfach stellen
○ Nach 5 Minuten rühren
○ Diesen Vorgang wiederholen, bis das Eis fest genug ist

Extra-Tip

Die heißen, frisch gebackenen Crêpes können auch neben dem Eis dekoriert werden.

○ Mit einem Eisportionierer Bällchen formen
○ Sogleich in die noch heißen Nester setzen
○ Sofort servieren

Superkomfortabel läßt sich ein solches Eis in der Eismaschine bereiten Dahinein werden alle Eiszutaten nur eingefüllt, und wenige Zeit später kann herrlich cremiges Eis entnommen werden.

Trennkost-Tip

Dieses Gericht ist eine *Eiweißmahlzeit*.

Kichererbsenmehl

Kichererbsenmehl

Kichermehlauflauf mit Rosinentopfen

Zutaten

300 g Kichererbsenmehl
200 g Erdbeeren
60 g Rosinen
4 Eier
3 Eigelb
125 ml süße Sahne
600 ml Milch
150 g Crème fraîche
400 g Quark
300 ml Birnette
120 g Brabu
3 Eßl. Distelöl
1 Vanilleschote
1 Prise Salz

Zubereitung

○ Kichererbsenmehl in eine Schüssel sieben
○ Mit der Milch und den Eiern glattrühren
○ 50 ml Birnette zugeben
○ Würzen mit 1 Prise Salz
○ In 100 g Brabu dünne Crêpes von ca. 15 cm Durchmesser bei mittlerer Hitze backen

○ Den Quark mit den Rosinen und dem Distelöl sowie 150 ml Birnette vermischen
○ Die Rosinen und das Mark der Vanilleschoten unterrühren

○ Die Crêpes mit der Quarkmischung füllen und zusammenrollen

○ Eine Auflaufform mit 20 g Brabu einfetten, die Quarkrollen einlegen

○ Die Crème fraîche und die Sahne mit dem Eigelb verrühren
○ Süßen mit 100 ml Birnette
○ Die Mischung auf die Rollen streichen

Im Ofen bei 200° C 45 Minuten backen

○ Für den Erdbeerspiegel: Die Erdbeeren pürieren

Extra-Tip

Wem der Sinn nach Süßem steht, findet hier eine sättigende Hauptmahlzeit. Wer es nicht ganz so süß mag, kommt mit weniger Birnette aus.

Trennkost-Tip

Dieses Gericht ist eine *Eiweißmahlzeit*.

Kichererbsenmehl

Kicher-Crêpes gefüllt mit Erdbeereis

Zutaten

75 g Kichererbsenmehl

500 g Erdbeeren

1 Ei

150 ml Milch

250 ml süße Sahne

300 g Joghurt (3,5 %)

7 Eßl. Birnette

30 g Brabu

1 Prise Salz

Zubereitung

❍ Das Kichermehl in eine Schüssel sieben
❍ Mit der Milch und dem Ei glattrühren
❍ Die Prise Salz und 1 Eßl. Birnette dazugeben
❍ In der Brabu Crêpes von etwa 20 cm Durchmesser braten

❍ 300 g Erdbeeren pürieren
❍ Vermischen mit dem Joghurt und der Sahne
❍ Süßen mit 4 Eßl. Birnette
❍ In das Eisfach stellen und alle 5 Minuten durchrühren, bis ein cremiges Eis entsteht

❍ Die restlichen Erdbeeren halbieren und mit dem restlichen Birnette verrühren

❍ Die Crêpes mit Eis füllen
❍ Erdbeeren dazu dekorieren

Superkomfortabel läßt sich ein solches Eis in der Eismaschine bereiten. Dann werden alle Eiszutaten nur eingefüllt, und wenige Zeit später kann herrlich cremiges Eis entnommen werden.

Extra-Tip

Ein noch leichteres und damit kalorienarmeres Eis läßt sich zubereiten, wenn die Sahne durch die gleiche Menge Joghurt ersetzt wird.

Trennkost-Tip

Dieses Gericht ist eine *Eiweißmahlzeit*.

Kichererbsenmehl

Kichererbsenmehl

Kichermehl-Crêpes mit Apfel-Zimt-Calvados-Füllung

Zutaten

75 g Kichererbsenmehl

700 g Äpfel

1 Ei

150 ml Milch

200 ml süße Sahne

6 Eßl. Birnette

30 g Brabu

4 cl Calvados

100 g Rosinen

1/2 Vanilleschote

1 Zimtstange

1 Prise Salz

Extra-Tip

Eignet sich als Winterdessert, sättigt jedoch in der doppelten Menge als Hauptmahlzeit.

Trennkost-Tip

Dieses Gericht ist eine *Eiweißmahlzeit*.

Zubereitung

○ Die Äpfel schälen und in Stücke schneiden
○ Den Calvados, die Zimtstange, die Rosinen und 3 Eßl. Birnette zugeben
○ Bei mittlerer Hitze unter Rühren kurz durchkochen (die Stücke müssen weich sein, dürfen jedoch nicht ganz zerkochen)
○ Die Zimtstange herausnehmen
○ Das Apfelkompott etwas abtropfen

○ Das Kichermehl in eine Schüssel sieben
○ Mit der Milch und dem Ei glattrühren
○ Die Prise Salz und 1 Eßl. Birnette dazugeben
○ In der Brabu Crêpes von ca. 15 cm Durchmesser auf mittlerer Flamme backen

○ Die warmen Crêpes mit dem noch heißen Apfelkompott füllen
○ Die Sahne mit 2 Eßl. Birnette steifschlagen
○ Das Mark der halben Vanilleschote untermischen
○ Zu den Crêpes servieren

Kichererbsenmehl

Kichererbsen-Lasagne mit Heidelbeersahne

Zutaten

75 g Kichererbsenmehl

300 g Heidelbeeren (ggf. Tiefkühl)

1 Ei

150 ml Milch

250 ml süße Sahne

3 Eßl. Birnette

60 g Brabu

1 Prise Salz

Zubereitung

○ Das Kichermehl in eine Schüssel sieben
○ Mit der Milch und dem Ei glattrühren
○ Die Prise Salz und 1 Eßl. Birnette dazugeben
○ Crêpes von ca. 10 cm Durchmesser in der Brabu backen
○ Jeweils warmhalten

○ Die Heidelbeeren ggf. auftauen, abtropfen
○ Einige Heidelbeeren zum Dekorieren zurückbehalten

○ Die Sahne mit 2 Eßl. Birnette sehr steif schlagen
○ Mit den restlichen Heidelbeeren vermischen

○ Auf die Hälfte aller Crêpes die Heidelbeer-Sahne geben
○ Je ein Crêpe darüberlegen

○ Mit den zurückbehaltenen Heidelbeeren die Teller dekorieren

Extra-Tip

Für ein sättigendes Sommergericht kann statt der Schlagsahne auch Sahnequark verwendet werden. Je nach Geschmack kann zum Süßen etwas mehr Birnette beigegeben werden.

Trennkost-Tip

Dieses Gericht ist eine *Eiweißmahlzeit*.

Kichererbsenmehl

Azukibohnen/Mungbohnen

Azukibohnen und Mungbohnen

sind ein absoluter Geschmacks-Hit. Mir selbst ist es nicht so leicht gefallen, von Erbsensuppe, weißen Bohnen und Linsen Abschied zu nehmen. Aber als ich begriffen hatte, wie schwer der Körper es hat, diese an sich wertvollen Hülsenfrüchte zu verdauen, war mir klar, daß der Preis für den Genuß ein dicker Blähbauch und Unwohlsein war. Der Grund dafür ist, daß Eiweiß und Kohlenhydrate in engem Verbund für die Verdauungsarbeit nur schwer auseinanderzudividieren sind. Der arme Körper leistet also Schwerstarbeit. Darmzwicken und Flatulenzen sind die Folge.

Nein danke! Ich halte es lieber mit Wellness. Es soll mir gut gehen. Zu jeder Stunde des Tages.

Was war ich also froh, daß ich der roten Azukibohne und ihrer kleinen Schwester, der braunen Mungbohne, begegnete. Beide gehören weitläufig zu der Familie der Sojabohne. Sie sind jedoch richtig bezeichnet Leguminosen und regelrechte kleine Kraftpakete.

Sie weisen einen großen Eiweißanteil auf, viel unverdaubare Ballaststoffe und reichlich Nährstoffe. So sind sie eine große Bereicherung unseres Speiseplans. Und – man kann mit ihnen nahezu alle Rezepte ermöglichen, die einem mit den hierzulande üblichen Hülsenfrüchten so ans Herz gewachsen waren. Dabei sind sie ausgesprochen bekömmlich und von deftig-kräftigem Bohnengeschmack.

Ich wünsche fröhliches Ausprobieren!

Wichtiger Zubereitungs-Tip

Für die Zubereitung behandelt man Azuki- und Mungbohnen genauso wie z. B. weiße Bohnen. Ratsam ist es, sie am Vortag mit reichlich Wasser zu bedecken und über Nacht an einem kühlen Ort quellen zu lassen. Das verkürzt die Kochzeit ungemein. Diese Bohnen schmecken auch ganz und gar köstlich, wenn sie einfach nur weichgekocht, gewürzt und mit Sahne vermischt werden.

Wichtiger Trennkost-Tip

Azuki- und Mungbohnen eignen sich als Kombination zu allen Eiweißgerichten

Azukibohnen/Mungbohnen

Azukibohnensalat mit Frühlingszwiebeln, dazu Hackbällchen

Zutaten

250 g Azukibohnen

100 g Soja-Hack

100 g Zucchini

100 g Rucola-Salat (ggf. Feldsalat)

1 Bund Frühlingszwiebeln

100 g Schafskäse

1 Ei

2 leicht gehäufte Eßl. Crème fraîche

9 Eßl. Olivenöl

2 Eßl. Balsamicoessig

2 Zweige Bohnenkraut (ersatzweise 1 gestr. Eßl. getrockn. Bohnenkraut)

Gemüseconsommé

schwarzer Pfeffer aus der Mühle

Zubereitung

Am Vortag
❍ Die Bohnen in 1 l kaltem Wasser kühl stellen und quellen lassen

Am Folgetag
❍ Die Bohnen vor dem Kochen mitsamt dem Quellwasser mit Gemüseconsommé, Pfeffer und dem Bohnenkraut würzen
❍ Bei kleiner Flamme köchelnd garen
❍ Nicht zu weich werden lassen, abtropfen

❍ Für das Dressing 2 Eßl. Öl mit dem Essig und der Crème fraîche verrühren
❍ Würzen mit Gemüseconsommé und Pfeffer
❍ Die Frühlingszwiebeln in feine Ringe schneiden
❍ Die Hälfte davon ins Dressing geben

❍ 1 Eßl. von dem Dressing unter den Rucola-Salat mischen
❍ Das restliche Dressing 1 Stunde vor dem Verzehr unter die Bohnen heben
❍ Den Bohnensalat auf einem Rucolarand anrichten

❍ Das Hack mit 200 ml kochend heißem Wasser übergießen
❍ 30 Minuten quellen lassen
❍ Die Zucchini grob raspeln
❍ In 2 Eßl. Öl von allen Seiten kurz anbraten
❍ Unter das Hack mischen
❍ Das Ei dazugeben
❍ Den Schafskäse mit der Gabel fein zerdrücken
❍ Den Rest der Frühlingszwiebeln in 2 Eßl. Öl leicht bräunen
❍ Alles zusammenmischen
❍ Würzen mit Gemüseconsommé und Pfeffer
❍ Mit einem Teelöffel oder runden Kaffeeportionierer kleine Bällchen formen
❍ In 3 Eßl. Öl von allen Seiten knusprig braten

Extra-Tip

Dieser wohlschmeckende Salat, der sättigend und supergesund ist, eignet sich auch gut als Partysnack.

Trennkost-Tip

Dieses Gericht ist eine *Eiweißmahlzeit*.

Azukibohnen

Azukibohnen-Eintopf mit Kürbis süß-sauer

Zutaten

300 g Azukibohnen

500 g Räuchertofu (feste Sorte)

1 Hokaidokürbis (ca. 500 g)

3 säuerliche Äpfel (z.B. Cox orange)

2 große Zwiebeln

150 g Crème fraîche

2 Eßl. Sojasoße

50 g Brabu

2 Eßl. Himbeeressig (ersatzweise anderer Fruchtessig)

Gemüseconsommé

schwarzer Pfeffer aus der Mühle

Zubereitung

Am Vortag
○ Die Azukibohnen in 1 1/2 l kaltem Wasser kühl stellen und quellen lassen

Am Folgetag
○ Mitsamt dem Quellwasser, Gemüseconsommé und Pfeffer 30 Minuten auf kleiner Flamme garen

○ Den Kürbis geputzt und ungeschält in sprudelnd kochendes Wasser stellen und 3 Minuten garen
○ Halbieren und das Kerngehäuse herausnehmen
○ In ca. 2 cm große Würfel schneiden

○ Die Äpfel schälen und würfeln
○ Die Zwiebeln grob würfeln
○ In 20 g Brabu goldbraun braten
○ Bohnen und Kürbiswürfel mit Äpfeln und Zwiebeln vermischen
○ Abschmecken mit Gemüseconsommé und Pfeffer
○ Den Essig hinzufügen
○ Alles zusammen 20 Minuten köcheln lassen
○ Crème fraîche einrühren

○ Den Tofu in 1 cm dicke Würfel schneiden
○ In der Sojasoße wenden
○ Mit Gemüseconsommé und Pfeffer bestreuen
○ In der restlichen Brabu rundherum knusprig braten
○ Den Tofu erst kurz vor dem Anrichten in den Eintopf mischen

Extra-Tip

Hier präsentiert sich ein deftig pikanter Wintereintopf. Du entscheidest, ob daraus durch entsprechende Kochwassermenge eher eine Eintopfsuppe oder ein Gemüsetopf wird.

Trennkost-Tip

Dieses Gericht ist eine *Eiweißmahlzeit*.

Azukibohnen/Mungbohnen

Azukibohnensuppe mit Bohnenkraut

Zutaten

300 g Azukibohnen

1 Hokaidokürbis (ca. 500 g)

2 große Karotten

1/2 kleiner Sellerie (Knolle und Grün)

1/2 Stange Lauch

2 große Zwiebeln

2 Zweige frisches Bohnenkraut (ersatzweise 2 gestrichene Eßl. getrocknetes Bohnenkraut)

Gemüseconsommé

schwarzer Pfeffer

Zubereitung

Am Vortag
○ Die Azukibohnen mit 1 1/2 l kaltem Wasser kühl stellen und quellen lassen

Am Folgetag
○ Den geputzten, ungeschälten Kürbis in sprudelnd kochendes Wasser stellen und 3 Minuten kochen lassen
○ Abtropfen, halbieren
○ Das Kerngehäuse entfernen
○ In Würfel teilen

○ Die Karotten in Scheiben schneiden
○ Den Lauch in Ringe schneiden
○ Die Sellerieknolle in kleine Würfel teilen
○ Mit den Bohnen direkt im Quellwasser kochen lassen
○ Ggf. etwas Wasser zugeben
○ Das frische oder getrocknete Bohnenkraut zugeben
○ Würzen mit Gemüseconsommé und Pfeffer
○ Nach 20 Minuten Kochzeit die Kürbiswürfel dazugeben
○ Noch 20 Minuten weiterkochen lassen

Extra-Tip

Azukibohnen und Kürbis sollen recht weich sein. Dieser Eintopf schmeckt auch sehr gut mit Kartoffeln statt mit Kürbis.

Trennkost-Tip

Dieses Gericht ist ohne Kartoffeln eine *Eiweißmahlzeit*.

Azukibohnen/Mungbohnen

Azukibohnen/Mungbohnen

Mungbohnen-Eintopf

Zubereitung

Am Vortag
◯ Die Bohnen in 2 l kaltem Wasser kühl stellen und quellen lassen

Am Folgetag
◯ Die Bohnen im Quellwasser zum Kochen bringen
◯ Das Suppengrün und die Karotten klein schneiden und zugeben
◯ Das Bohnenkraut zufügen
◯ Würzen mit Gemüseconsommé und Pfeffer
◯ 30 Minuten auf kleinster Flamme kochen

◯ Den Kürbis geputzt und ungeschält in sprudelnd kochendes Wasser setzen
◯ 3 Minuten köcheln lassen
◯ Halbieren, entkernen, würfeln
◯ Die Würfel zu den Bohnen geben
◯ Etwa 15 Minuten auf kleiner Flamme garkochen lassen
◯ Die Zwiebeln grob würfeln und in der Brabu von allen Seiten goldbraun braten
◯ Die Zwiebeln 10 Minuten in dem Eintopf mitköcheln lassen

Zutaten

500 g Mungbohnen

1 Hokaidokürbis (ca. 500 g)

1 großer Bund Suppengrün

2 zusätzliche Karotten

2 mittelgroße Zwiebeln

30 g Brabu

3 Zweige Bohnenkraut (ersatzweise 1 leicht gehäufter Eßl. getrocknetes Bohnenkraut)

Gemüseconsommé

weißer Pfeffer

Extra-Tip

Wer es säuerlich mag, kann am Schluß Essig einrühren. Mungbohnen schmecken auch sehr gut mit Kartoffeln statt Kürbis.

Trennkost-Tip

Dieses Gericht ist ohne Kartoffeln eine *Eiweißmahlzeit*.

Azukibohnen/Mungbohnen

Mungbohnen mit Backpflaumen und Kürbis

Zutaten

300 g Mungbohnen

1 Hokaidokürbis hell (ca. 500 g)

200 g Backpflaumen

1 Bund Frühlingszwiebeln

30 g Brabu

Gemüseconsommé

weißer Pfeffer aus der Mühle

Zubereitung

Am Vortag
Die Bohnen in 1 1/2 l kaltem Wasser kühl stellen und quellen lassen

Am Folgetag
❍ Die Bohnen im Quellwasser 30 Minuten garen
❍ Würzen mit Gemüseconsommé und Pfeffer
❍ Den geputzten, ungeschälten Kürbis in sprudelnd kochendes Wasser stellen und 3 Minuten kochen
❍ Abtropfen, halbieren, Kerngehäuse entfernen und in Würfel schneiden
❍ Zu den kochenden Bohnen geben, alles weich kochen
❍ Die Backpflaumen halbieren, entkernen und 5 Minuten mitkochen
❍ Die Frühlingszwiebeln in Ringe schneiden
❍ In der Brabu unter Wenden gut durchbraten und in den Bohnentopf mischen

Extra-Tip

Crème fraîche gibt eine besondere Geschmacksvariante.

Trennkost-Tip

Dieses Gericht ist eine *Eiweißmahlzeit*.

Azukibohnen/Mungbohnen

Azukibohnen/Mungbohnen

Mungbohnen in Sahne

Zutaten

300 g Mungbohnen

1 Bund Suppengrün

2 mittelgroße Zwiebeln

2 Knoblauchzehen

75 ml süße Sahne

40 g Brabu

Gemüseconsommé

weißer Pfeffer

Zubereitung

Am Vortag
❍ Die Mungbohnen in 1 1/2 l kaltem Wasser kühl stellen und quellen lassen

Am Folgetag
❍ Die Bohnen in dem Quellwasser 20 Minuten kochen
❍ Das Suppengrün fein würfeln
❍ In 20 g Brabu von allen Seiten anbraten
❍ Zu den Bohnen geben und 30 Minuten mitkochen
❍ Die Sahne dazumischen
❍ Würzen mit Gemüseconsommé und Pfeffer
❍ Die Zwiebeln klein würfeln und in 20 g Brabu knusprig braun braten
❍ Die Knoblauchzehen durch eine Presse geben und am Schluß kurz mitbraten
❍ Die Knoblauch-Zwiebeln vor dem Anrichten in die Suppe rühren

Extra-Tip

Hier stellt sich ein feines, delikates Süppchen vor. Mit Dinkelvollkornbrot eignet es sich besonders gut als Gäste-Imbiß.

Trennkost-Tip

Dieses Gericht ist ohne Brot eine *Eiweißmahlzeit*.

Mungbohnen-Suppeneintopf süß-sauer

Zutaten

500 g Mungbohnen

1 Stange Lauch

1/4 Sellerieknolle mit Selleriegrün

3 mittelgroße Karotten

1 mittelgroße Zwiebel

Birnette

20 g Brabu

Kräuteressig

1 Bund glatte Petersilie

Gemüseconsommé

schwarzer Pfeffer

Zubereitung

Am Vortag
❍ Die Bohnen mit 2 l kaltem Wasser kühl stellen und quellen lassen

Am Folgetag
❍ Die Bohnen in dem Quellwasser kurz ankochen

❍ Den Lauch, die Karotten und die Sellerieknolle in Scheiben schneiden
❍ Das Selleriegrün von den Stielen zupfen
❍ Alles zu den Bohnen geben
❍ Würzen mit Gemüseconsommé und Pfeffer
❍ Auf kleinster Flamme alles recht weich kochen

❍ Die Zwiebeln grob würfeln
❍ In der Brabu goldgelb braten
❍ Zu den Bohnen geben
❍ Mit Essig je nach Gusto abschmecken
❍ Mit Birnette abschmecken

❍ Vor dem Servieren die Petersilie hacken
❍ In den Kochtopf geben
❍ Bei geschlossenem Deckel noch einige Minuten durchziehen lassen

Extra-Tip

Diese Bohnensuppe ist eine herrlich schmeckende Alternative zu süß-sauren Speisen wie Linsen oder Bohnen. Je nach Geschmack kann mit Essig und/oder Birnette abgeschmeckt werden.

Trennkost-Tip

Dieses Gericht ist eine *Eiweißmahlzeit*.

Saitan

Saitan

Der Vollständigkeit halber darf dieses Produkt in meinem Buch nicht fehlen. Wegen der immer häufig auftretenden Weizenallergie vieler Menschen gebe ich nur ein Rezeptbeispiel.

Das eiweißreiche Traditionsprodukt aus Asien ist mittlerweile auch in Deutschland auf vielen Speiseplänen vertreten. Saitan wird hergestellt, indem aus Weizen die Stärke und Kleie ausgewaschen wird. Dadurch entsteht das Gluten. Dieses wird mit Zutaten wie Sojasoße, Kombualge und Gewürzen aufgekocht - fertig ist das hochwertige Saitan (Schreibweise auch Seitan). Es enthält kein Cholesterin und fast kein Fett. Erhältlich ist es im Naturkosthandel zumeist als Glaskonserve oder als Frischeprodukt in Folie.

Wichtiger Zubereitungs-Tip

Saitan hat einen recht fleischigen Charakter und kann nahezu genauso zubereitet werden wie Gulasch oder Geschnetzeltes. Scharf angebraten und gut gewürzt unterscheidet es sich in Konsistenz und Aussehen wenig von Fleisch. Saitan schmeckt in herzhaften Eintopf- und Pfannengerichten besonders gut. Auch fritiert ist es ein Genuß. Probier einmal, es im Wok mit frischen Gemüsesorten wie Bambus, Karotten, Paprika, Zwiebeln u.a. zuzubereiten. Du wirst begeistert sein!

Saitan

Saitan-Zwiebeltopf mit Erbsen und Crème fraîche

Zutaten

1 kleines Glas Saitan (ca. 180 g)

800 g Kartoffeln (mehligkochend)

2 Tassen Erbsen (Tiefkühl)

3 große Zwiebeln

75 g Crème fraîche

2 Eßl. Sojasoße

50 g Brabu

Gemüseconsommé

weißer Pfeffer

Zubereitung

○ Die Kartoffeln schälen und würfeln
○ Würzen mit Gemüseconsommé
○ In wenig Wasser garen
○ Die Erbsen am Schluß dazugeben
○ 1 Minute mitkochen lassen

○ Saitan in Würfel schneiden
○ In der Sojasoße wenden, würzen mit Gemüseconsommé und Pfeffer
○ In 30 g Brabu von allen Seiten knusprig braten
○ Die Zwiebeln würfeln
○ Diese in einer Extrapfanne in 20 g Brabu goldbraun braten
○ Die Saitanwürfel unter die Zwiebeln mischen
○ Zusammen bei kleinster Flamme noch einige Minuten weiterköcheln
○ Mit dem Kartoffeleintopf vermischen
○ Crème fraîche unterrühren

Extra-Tip

Schmeckt auch gut mit viel Petersilie.

Trennkost-Tip

Dieses Gericht ist eine **Kohlenhydratmahlzeit**.

Tempeh

Tempeh

Dieses indonesische Volksnahrungsmittel ist aus eingeweichten und gekochten Sojabohnen fermentiert. Dazu werden die Sojabohnen gepreßt und mit einem bestimmten Schimmelpilz "geimpft". Das Ergebnis ist eine Sojapaste in schnittfester Konsistenz.
Tempeh ist ein besonders proteinhaltiges Lebensmittel und kann auf vielfältige Weise zu leckeren Rezepten verarbeitet werden. Die Zubereitung ist ähnlich wie bei Tofu. Nachfolgend habe ich für Dich ein Rezept ausprobiert.

Wichtiger Zubereitungs-Tip

Tempeh kann man genauso vielfältig würzen wie Tofu.
In Scheiben geschnitten, gestiftelt oder gewürfelt schmeckt es am besten, wenn es in Brabu oder einem guten Olivenöl scharf angebraten wird. Es kann außerdem gekocht oder fritiert mit den verschiedensten Gemüsesorten serviert werden.

Tempeh

Tempeh mit Kürbisrösti und Tomatenragout

Zutaten

400 g Tempeh
1 Hokaidokürbis (ca. 800 g)
4 mittelgroße vollreife Fleischtomaten
1 mittelgroße Zwiebel
2 Eier
150 g Crème fraîche
3 Eßl. Sojasoße
80 g Brabu
2 leicht gehäufte Eßl. geriebene Mandeln
2 Stiele Basilikum
Gemüseconsommé
weißer Pfeffer

Zubereitung

❍ Den geputzten, ungeschälten Kürbis in einen Topf mit sprudelnd kochendem Wasser stellen
❍ 5 Minuten köcheln lassen
❍ Den Kürbis halbieren, das Kerngehäuse entfernen
❍ Raspeln auf einer Röstireibe
❍ Die Zwiebel fein reiben und mitsamt den Eiern unter die Kürbisraspeln mischen
❍ Würzen mit Gemüseconsommé und Pfeffer
❍ In einer Pfanne 40 g Brabu erhitzen
❍ Die Rösti in flachen Portionen hineinsetzen
❍ Bei mittlerer Hitze von beiden Seiten goldbraun braten
❍ Vorsichtig umdrehen und die andere Seite bräunen

❍ Die Tomaten häuten, grob zerdrücken
❍ Würzen mit Gemüseconsommé und Pfeffer
❍ In 20 g Brabu von allen Seiten anbraten
❍ 1 Stiel Basilikum feinzupfen und unterheben
❍ Tempeh in ca. 1 cm dicke Scheiben schneiden

Extra-Tip

Dazu empfehle ich Kopfsalat mit Joghurt-Dressing.
(Dressings ab Seite 224)
Statt Kürbis können auch Kartoffeln für die Rösti verarbeitet werden.

❍ Würzen mit Gemüseconsommé und Pfeffer
❍ Wenden in der Sojasoße
❍ Panieren in den geriebenen Mandeln
❍ In der restlichen Brabu von beiden Seiten knusprig braten

❍ Die Crème fraîche in einer kleinen Kasserolle erwärmen (nicht kochen)
❍ Würzen mit Gemüseconsommé und Pfeffer
❍ Das restliche Basilikum feinzupfen und in diese Soße einrühren

Trennkost-Tip

Dieses Gericht ist ohne Kartoffeln eine *Eiweißmahlzeit*.

Salatdressings

Italienisches Dressing

Zutaten

4 Eßl. Olivenöl

1 Eßl. Rotweinessig

Gemüseconsommé

1/2 Teel. Kräuter der Provence

1 Msp. Salz

weißer Pfeffer aus der Mühle

Zubereitung

○ Das Öl mit dem Essig, etwas Gemüseconsommé, den Kräutern der Provence, Salz und Pfeffer verrrühren
○ Erst kurz vor dem Servieren mit dem Salat vermischen

Trennkost-Tip

Dieses Dressing ist eine *Eiweißmahlzeit.*

Sahne-Dressing

Zutaten

100 g Joghurt

1 leicht geh. Eßl. Mayonnaise

100 ml süße Sahne

2 Eßl. heißes Wasser

1/2 gestr. Teel. scharfer Senf

2 leicht geh. Eßl. feingehackte Petersilie

Gemüseconsommé

weißer Pfeffer

Zubereitung

○ Die Gemüseconsommé in heißem Wasser auflösen
○ Alle Zutaten hinzugeben, abkühlen lassen
○ Erst kurz vor dem Servieren mit dem Salat vermischen

Trennkost-Tip

Dieses Dressing ist eine *Neutrale Mahlzeit.*

Sauerrahm-Dressing mit Balsamico

Zutaten

150 g Sauerrahm

2 Eßl. heißes Wasser

2 Eßl. Balsamico-Essig

2 Eßl. Olivenöl

Gemüseconsommé

weißer Pfeffer aus der Mühle

Kräuter nach Wahl

Zubereitung

○ Die Gemüseconsommé in heißem Wasser auflösen
○ Alle Zutaten hinzugeben, abkühlen lassen
○ Gewünschte Kräuter hinzufügen
○ Erst kurz vor dem Servieren mit dem Salat vermischen

Trennkost-Tip

Dieses Dressing ist eine *Eiweißmahlzeit.*

Salatdressings

Crème fraîche-Dressing

Zutaten

170 g Crème fraîche

Gemüseconsommé

2 EßI. frischer gehackter Dill

1 Msp. Salz

weißer Pfeffer aus der Mühle

Zubereitung

❍ Die Crème fraîche mit Gemüseconsommé, dem Dill Salz und Pfeffer verrühren
❍ Erst kurz vor dem Servieren mit dem Salat vermischen

Trennkost-Tip

Dieses Dressing ist eine *Neutrale Mahlzeit.*

Joghurt-Dressing

Zutaten

200 g Joghurt

2 Eßl. heißes Wasser

Gemüseconsommé

weißer Pfeffer aus der Mühle

Kräuter nach Wahl

Zubereitung

❍ Die Gemüseconsommé in heißem Wasser auflösen
❍ Alle Zutaten hinzugeben, abkühlen lassen
❍ Gewünschte Kräuter hinzufügen
❍ Erst kurz vor dem Servieren mit dem Salat vermischen

Trennkost-Tip

Dieses Dressing ist eine *Neutrale Mahlzeit.*

Dickmilch-Dressing

Zutaten

250 g Dickmilch

Gemüseconsommé

weißer Pfeffer aus der Mühle

Schnittlauch, Petersilie oder Dill

Zubereitung

❍ Die Dickmilch mit Gemüseconsommé und dem Pfeffer verrrühren
❍ Gewünschte Kräuter hinzufügen
❍ Erst kurz vor dem Servieren mit dem Salat vermischen

Trennkost-Tip

Dieses Dressing ist eine *Neutrale Mahlzeit.*

Buttermilch-Dressing

Zutaten

150 ml Buttermilch

50 g Crème fraîche

Gemüseconsommé

weißer Pfeffer aus der Mühle

Frische Käuter

Zubereitung

❍ Die Buttermilch mit Crème fraîche, Gemüseconsommé und dem Pfeffer verrrühren
❍ Gewünschte Kräuter hinzufügen
❍ Erst kurz vor dem Servieren mit dem Salat vermischen

Trennkost-Tip

Dieses Dressing ist eine *Neutrale Mahlzeit.*

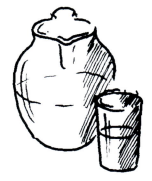

Ergänzende Beilagen

Kürbismus

Zutaten

1 Hokaidokürbis (ca. 1 kg)

200 ml süße Sahne

Gemüseconsommé

1 kleiner Bund Petersilie

weißer Pfeffer

Zubereitung

❍ Den geputzten, ungeschälten Kürbis in kochendes Wasser stellen und 5 Minuten köcheln lassen
❍ Das Kerngehäuse entfernen, grob würfeln
❍ In der Sahne bei kleinster Flamme sehr weich garen
❍ Würzen mit Gemüseconsommé und Pfeffer
❍ Abgießen, pürieren
❍ Die Petersilie grob hacken und untermischen

Trennkost-Tip

Diese Beilage ist eine **Neutrale Mahlzeit.**

Blumenkohlmus

Zutaten

600 g Blumenkohlröschen

100 ml süße Sahne

Gemüseconsommé

2 Msp. Muskat

weißer Pfeffer

Zubereitung

❍ Den Blumenkohl in wenig Wasser auf kleinster Flamme recht weich garen
❍ Abtropfen, pürieren
❍ Die Sahne einrühren
❍ Würzen mit Gemüseconsommé, Pfeffer und dem Muskat

Trennkost-Tip

Diese Beilage ist eine **Neutrale Mahlzeit.**

Selleriemus

Zutaten

600 g Sellerieknolle

1 l Milch

20 g Butter

Gemüseconsommé

2 Msp. Muskat

weißer Pfeffer

Zubereitung

❍ Die Sellerieknolle grob würfeln
❍ In der Milch recht weich kochen ....

Ergänzende Beilagen

....○ Würzen mit Gemüseconsommé und wenig Pfeffer
○ Abgießen, pürieren
○ Die Butter und den Muskat unterrühren

Trennkost-Tip
Diese Beilage ist eine **Neutrale Mahlzeit.**

Tofu-Croutons

Zutaten
100 g Räuchertofu (feste Sorte)

20 g Brabu

Gemüseconsommé

Zubereitung
○ Den Räuchertofu klein würfeln
○ Mit Gemüseconsommé überstäuben
○ In der Brabu von allen Seiten sehr kurz knusprig anbraten

Trennkost-Tip
Diese Beilage ist eine **Neutrale Mahlzeit.**

Kichermehl-Spätzle

Zutaten
300 g Kichermehl

3 große Eier

50 g Brabu

12 Eßl. Wasser

Salz

Zubereitung
○ Das Kichermehl in eine Schüssel sieben
○ Mit den Eiern, dem Wasser und etwas Salz verkneten
○ Den Teig in eine Spätzlemaschine füllen
○ Die Spätzle in kochendes Salzwasser drücken (Alternativ: Teig portionsweise auf einem Brett dünn ausrollen und mit einem Messer in kochendes Salzwasser streichen)
○ Nur 1 Minute köcheln lassen
○ Mit einer Schaumkelle herausnehmen
○ In der Brabu von allen Seiten kurz anbraten

Extra-Tip
Spätzle sind eine gute Alternative zu den herkömmlichen Teigwaren aus Getreide. In bezug auf die Bekömmlichkeit passen sie gut zu Soja & Co.

Trennkost-Tip
Dieses Gericht ist eine **Eiweißmahlzeit.**

Infos/Lieferantenhinweis

Die Schule für Fitneß und Ernährung GmbH

An dieser Stelle möchte ich Dir die Schule für Fitneß und Ernährung vorstellen, deren fachliche Leiterin ich seit vielen Jahren bin. Im Rahmen dieser Tätigkeit habe ich meine Bücher geschrieben. So konnte ich die Erfahrungen, die ich mit unzähligen SeminarteilnehmerInnen gemacht habe, darin zusammenfassen.

Trennkost-Seminare überall in Deutschland

Fast überall in Deutschland kann man an einem Trennkost-Seminar teilnehmen. Wer die Trennkost erlernen und praktizieren möchte, dem gibt die Schule für Fitneß und Ernährung eine Erfolgsgarantie (bei dauerhafter Anwendung des Konzeptes). Bei einem persönlichen und völlig kostenlosen Beratungsgespräch mit einer/einem der zuständigen SeminarleiterInnen, die oftmals ErnährungswissenschaftlerInnen oder HeilpraktikerInnen sind, wird ermittelt, welche individuelle Teilnahmezeit für ein optimales Ergebnis erforderlich ist. Schließlich soll den TeilnehmerInnen dabei geholfen werden, für alle Zukunft vor dem sogenannten Jo-Jo-Effekt sicher zu sein. Möchtest Du wissen, wo in Deiner Nähe eine nette Trennkost-Gruppe zu finden ist? Die Schule für Fitneß und Ernährung GmbH informiert gern.

Trennkost-Kurlaub in Bad Salzhausen

Hier ist es, das interessante Urlaubsangebot! Schön wäre es, wenn Du ganze 4 Wochen kommen könntest, aber auch 3 oder 2 Wochen lohnen sich bereits. Und - zum VERSTEHEN kann 1 einzige Woche schon genügen. Dieser Urlaub bietet einen Kurerfolg, bei dem man sich rasch von überzähligen Pfunden trennen kann.

Vermittelt wird das Wissen um das Erreichen von dauerhafter Schlankheit und beachtlichen gesundheitlichen Verbesserungen (bei dauerhafter Anwendung des Ernährungskonzeptes).

Wochenend-Seminare im Naturpark Hoher Vogelsberg

In diesem idyllisch gelegenen Seminarhaus der Schule für Fitneß und Ernährung werden eine Reihe von Seminaren veranstaltet, die eine echte Lebens- und Erfolgshilfe bieten können. Auf dem Programm stehen zur Zeit folgende Themen: *Eßsucht, Rhetorik, Japanisches Heilströmen, Affirmation und Erfolgstraining.* Die als Workshops gestalteten Wochenenden vermitteln keine graue Theorie, sondern das Verstehen von Zusammenhängen. Wer Blockaden erkennt, kann sie beseitigen. Eine andere Sicht der Dinge ermöglicht oft ein befreites Leben. Ein neuer Mensch kehrt heim, der die erworbenen Erkenntnisse gleich umsetzen kann.

INFOS anfordern bei der Schule für Fitneß und Ernährung GmbH,
Außerhalb 19, 63679 Schotten-Burkhards, **Telefon 06045/962-40, Fax 962-410**

Lieferantenhinweis

Die in diesem Buch von mir empfohlenen Zutaten sind erhältlich beim BIOLINE Versand-Service: Hochwertige Sojaprodukte, Reismalz, Birnette, Gemüseconsommé, Brabu, Algen-Kräuter-Salz, Schmalz und andere empfehlenswerte Nahrungsmittel. Frisch zubereitete Kosmetik ohne chemische Konservierung, Bücher und Motivationscassetten zum Thema Gesundheit sowie Ätherische Öle und Edelsteine sind ebenfalls erhältlich.
Katalog anfordern unter BIOLINE Versand Service **Telefon 06045/962-444, Fax 962-410**

Lieferantenhinweise

So wirst Du schlank für immer
Ingrid Schlieske, 135 Seiten

Welche Nahrung macht süchtig? - Die Autorin, nach eigener Aussage ein eßsüchtiger Mensch, hat den "Knackpunkt" gefunden für das maßlose Essen. Dafür will sie den Beweis antreten. Mit ihrem Buch richtet sie ein echtes Hilfsangebot an alle Suchenden und Betroffenen. Der Weg, mit unzähligen Kurgästen und Seminarteilnehmern erprobt, führt zum Auffinden der Hintergründe und Ursachen falschen Eßverhaltens über die vollwertige Trennkost in eine "schlanke Zukunft" ohne Kalorienzählen

Kochbuch zur Trennkost
Ingrid Schlieske, 192 Seiten

Die Autorin: Ich habe für Dich dieses Buch geschrieben, damit Du wieder unbefangen essen kannst. Sorgen um die schlanke Linie? Vergiß es! In wenigen Wochen bist Du ein neuer Mensch. Nur dadurch, daß Du Deine Nahrung ein weinig anders miteinander kombinierst. In diesem Kochbuch findest Du über 300 Rezepte für jede Gelegenheit, darunter auch eine große Anzahl vegetarische.

Backbuch zur Trennkost
Ingrid Schlieske, 208 Seiten

Dieses Buch beweist, daß Trennkost nichts mit Verzicht und Entbehrungen zu tun hat. Vielmehr mit Genuß und Freude an schönem Essen. Die Autorin verhehlt jedoch nicht, daß die süßen Genüsse Krönung und nicht täglicher Bestandteil der gesunden Mahlzeiten sind. Wie vielseitig die Trennkost auch beim Backen ist, zeigen die Rezepte. So süß und üppig, so köstlich, fruchtig und cremig, wie die herrlichen Bilder es zeigen. Dabei ist die Herstellung von Kuchen, Torten, Keksen, Brot und Brötchen so simpel, daß alles leicht gelingt. Kein Konditor übernahm die Gestaltung der Bildvorlagen. Jedes einzelne Gebäck wurde von unserem Team zusammengestellt und ist ebenso leicht nachvollziehbar.

Japanisches Heilströmen
Ingrid Schlieske, 213 Seiten

Die Autorin hat dieses Buch nicht als Therapeutin geschrieben, sondern von ihren guten Erfahrungen als Anwenderin berichtet. An vielen Beispielen, versehen mit Farbbildern und vielen Zeichnungen, beweist sie, wie einfach es sein kann, sich selbst zu helfen oder Hilfe zu bringen. Dieses Wissen über Heilströmen hat viele Parallelen zu altem Volkswissen unserer eigenen Ahnen, das längst vergessen war. Heute können wir es uns wieder zunutze machen. Die Anwendung ist so leicht, daß man sofort damit beginnen kann.

Das Niemand-mag-mich-Kind
Ingrid Schlieske, 55 Seiten

Ein Märchen für kleine, große und erwachsene Kinder.
Das Buch ist mit schönen Pastellkreidezeichnungen von Siggi Roßmann versehen. So eignet es sich hervorragend zum Geschenk. Die Autorin: „Ich würde meine Kinder heute anders erziehen!" Wie leicht es ist, aus einem mürrischen und sich benachteiligt fühlenden Kind einen positiven, selbstbewußten Menschen zu machen, beschreibt die Autorin in zauberhafter, anrührender Weise. So manche „Erfolgsmeldung" von Eltern, Verwandten, kleinen und großen Kindern hat uns schon erreicht...

Die Bücher der Autorin sind erhältlich
beim Turm Verlag, Postfach 1851, 74308 Bietigheim

Rezepte alphabetisch

A

Auberginen-Kartoffel-Auflauf mit Tofu 38
Azukibohnen-Eintopf
 mit Kürbis süß-sauer 213
Azukibohnensalat mit Frühlingszwiebeln,
 dazu Hackbällchen 212
Azukibohnensuppe mit Bohnenkraut 214

B

Blumenkohl auf Soja-Bolognese 123
Bouletten mit Tofunudeln und Brokkoli 45
Bratkartoffeln mit Tofusülze 60

C

Camembert-Tofu mit
 amerikanischem Krautsalat 91
Champignon-Sahne-Ragout mit Erbsen
 und Blumenkohlpürree 144
Champignonvarianten,
 gefüllt mit Tofu und Soja 186
Chili con "Carne" 110
Crêpes, gefüllt
 mit Hack und Champignons 193
Crêpes, gefüllt
 mit Paprika-Schafskäse-Ragout 147
Crêpes, gefüllt mit Soja-Erbsen-Ragout 194
Crêpes, gefüllt
 mit Sojetten in buntem Gemüse 194

D

Deftiger Tofu-Kartoffeltopf mit Oliven 68

F

Feine Hack-Bratlinge
 mit Petersilienkarotten 124

G

Gefüllte Paprikaschoten mit Tofureis 34
Gefüllte Auberginen 117
Grüner Bohneneintopf mit Tofuwürfeln 63
Gulaschsuppe 140

H

Hack-Chicorée-Auflauf 127
Hackfladen mit Kürbisgratin 109
Hack-Tofu-Bratlinge in Mandelsoße
 mit gemischtem Gemüse 131

K

Kicher-Crêpes gefüllt mit Erdbeereis 205
Kichererbsen-Lasagne
 mit Heidelbeersahne 208
Kichermehl-Canneloni mit Spinat,
 Schafskäse und Sojetten 190
Kichermehl-Crêpes mit Apfel-Zimt-
 Calvados-Füllung 207
Kichermehl-Crêpes mit Himbeergeist und
 feinem Vanilleeis 198
Kichermehl-Crêpes
 mit Himbeersahneeis 202
Kichermehlauflauf mit Rosinentopfen 204
Kichermehl-Spätzle 195
Knoblauchtofu an Petersiliensahne 78
Kohlrabi-Sojetten-Haschee mit Sellerie-
 scheiben im Leinsamenmantel 181
Kohlrouladen mit Blumenkohlpürree 178
Kürbis-Kohl-Schnetzelauflauf 171
Kürbis-Tomaten-Pürree mit Sojettenhaschee,
 und Zucchinigemüse 177
Kürbiswürfel mit Sojettenplinsen
 und Chicorée mit Schafskäsesahne 185

L

Lasagne mit
 Steinpilzchampignon-Ragout 197

M

Makkaroni-Gemüse-Gratin 85
Mandelkuchen mit Tofu-Honig-Kruste 50
Mandelcrêpes mit Mandeleis 201
Mungbohneneintopf 216
Mungbohnen mit
 Backpflaumen und Kürbis 217
Mungbohnen in Sahne 219
Mungbohnen-Suppeneintopf süß-sauer 219

P

Paprikakuchen mit Tofu 59
Paprika-Reis-Tofu-Auflauf 97
Pfifferling-Ragout mit
 grünem Blumenkohl 157
Pinienkern-Tofu mit Spinat 49
Pirogen mit Tofu-Schafskäse
und Pilzfüllung 94
Porreeauflauf mit Tofukruste und Kürbis-
 gemüse, dazu Porree-Sahnesuppe 161

Rezepte alphabetisch

R
Ragout-Eintopf mit Zwiebeln 148
Ragout-Gemüse-Curry indisch 158
Ragout in Roquefortsoße mit Fenchel 146
Ragout mit Kohlrabi und
    Kürbisspalten im Sesammantel 155
Ragout mit Kürbiswürfeln
    und Selleriepürree 151
Reis-Tofu-Snack 86

S
Sahnegeschnetzeltes
    mit Karottenflan und Erbsen 168
Saitan-Zwiebeltopf
    mit Erbsen und Crème fraîche 221
Schafskäse-Hacklinge mit Rosenkohl 114
Scharfe Sauerkrautsuppe mit Ragout 139
Serbischer Tofu-Reis 46
Sojabratling mit
    Auberginen und Tomaten 121
Soja-Hack-Czevabcici
    mit Schafskäse und Weißkohl 112
Sojahackling mit
    Selleriepürree und Rosenkohl 119
Soja-Kruste über dem Ratatouille-Topf 128
Sojetten-Schafskäsekruste
    auf Auberginen-Kürbis-Auflauf 182
Sojetten mit Austernpilzhaschee
    und grünen Bohnen 174
Sojettenpuffer mit Selleriescheiben und
    Karotten 175
Spaghetti mit roher
    Tomatensoße und Tofuwürfeln 93
Steinpilzragout mit
    Petersilienkürbis und Erbsen 156
Steinpilztofu mit Nudeln und Erbsen 69
Szegediner Ragout
    mit Kichermehl-Spätzle 136

T
Tempeh mit Kürbisrösti
    und Tomatenragout 223
Tofubällchen mit
    Zucchini und Kartoffeln 82
Tofuberger Klopse 87
Tofubratlinge mit
    Sahnegurken und Pellkartoffeln 41
Tofu-Champignon-Creme 101
Tofu-Cheeseburger 55
Tofu-Ecken mit Selleriestiften
    und Semmelknödeln 54
Tofu-Fleischsalat 104
Tofu-Fricassée im Reisrand 35
Tofu-Geschnetzeltes
    mit Gurken und Tomaten 42
Tofu-Griebenschmalz 103
Tofu-Hamburger 56
Tofu-Honigschnitten mit
    grünen Bohnen und Pellkartoffeln 81
Tofu-Kartoffelsalat 67
Tofu-Kräuteraufstrich 100
Tofu-Makkaronisalat 78
Tofu-Medaillons mit Sesamzucchini 71
Tofu-Paprika-Aufstrich 101
Tofu-Plinsen mit
    Sommergemüse und Kartoffeln 37
Tofu-Reis-Gemüsepfanne 53
Tofuscheiben auf Basilikum-Tomaten 72
Tofu-Schnittlauch-Creme 100
Tofu-Sesam-Brotaufstrich 103
Tofu-Spargelpfanne mit Bratkartoffeln 32
Tofu-Tomatenaufstrich 100
Tofu-Waldorfsalat 98
Tofuwürfel mit
    Glasnudeln, Brokkoli und Kürbis 88
Tofu-Zucchini-Dinkel-Auflauf 75
Tomatenragout mit Parmesan und
    Kürbisrösti 143

U
Ungarisches Gulasch
    mit Weißkraut nach Art der Evi 135

W
Wirsing mit Tofuwürfeln
    und Bratkartoffeln 64
Wirsingrollen mit
    Kürbisgemüse und Grilltomate 165

Z
Zucchini-Tofupuffer
    mit Schnittlauchsoße 77
Zwiebelragout mit Ananas-Rosinenkraut
    und feinen Spätzle 152
Zwiebelragout mit Sesam-Selleriewürfel und
    Crème-fraîche-Karotten 162